高校を2ヵ月で辞めたボクが早慶に全勝合格できた理由

船越聖二・著

はしがき

世の中にたくさんある大学受験本の中から本書を手に取っていただきありがとうございます。

本書を書いたのは、かつての僕と似たような境遇にいる、または陥りかけている人たちにとって、僕の経験が参考になるのではないかと思ったからです。僕が高校に行かなくなりドロップアウトしてから、高校を中退して大学に行く人がいるなんてあまり想像できませんでした。しかし、自分のような人が一定数いて、そういう人に実際出会ったことから、この事は広く知られるべきだと思い本に書こうと思いました。

また、高校中退者や不登校児を抱える保護者の方々にも読んでいただきたいなと思います。世の中にある高校中退や不登校を扱った本の多くは、教育者や保護者の目線から書かれたものであるので、社会に復帰したてほやほやである自分が語ることには価値があるのではないかと思います。特に高校中退から、高卒認定試験と大学受験を経て、社会復帰するまでのその過程を知ってもらうことに価値があると僕は思います。人それぞれ事情は異なるでしょうが、僕と少しでも共通している部分があれば、子供たちへの理解が深まるのではないでしょうか。

もちろん、普通の高校生・大学受験生にも参考にしてもらえるように、自分が実際に行っていた勉強法、参考書を紹介したいと思います。確かに、大学受験を生業にしている受験のプロではありませんが、学力的に本当にどん底の状況にあった自分でも大学受験において合格を掴むことができたので、みなさんにも参考にしてもらえればうれしいです。

また、高卒認定試験にも触れております。僕が思うに、高卒認定試験を扱った本は決して多くないと思うので、参考にしてもらえればと思います。

「高校中退から早慶なんて行けるのは本当に一部の人でしょ。僕・私になんかできるわけない」

と、思わないで少しだけ本書を覗いてみてください。そして少しだけでもいいので試してみてください。

本書がみなさんの「きっかけ」になることができれば……と願います。

目　次

第2部　高卒認定受験と大学受験

第3部　高校を辞めたことが自分の「個性」

第1部

当たり前のレールから脱線してしまった僕

・中学生時代　・高校入学
・2か月間の高校生活のスタート
・憂鬱な毎日　・ふと気持ちが……
・学校に行かなくなってから
・東京　・規則正しい不規則な生活
・自責の念に駆られる毎日
・ふとしたきっかけ　・親との対面
・ブランク期間の影響　・京都・大阪
・退学　・浪人生に混じる中学生
・3年間の差　・慣れてきた予備校
・高卒認定　・大学受験勉強の本格化
・初めての大学受験
・2年半ぶりの東京での受験
・不合格の嵐　・宅浪の始まり
・惰性で乗り越えて　・直前期
・いざリベンジ！　・池袋の駅で……
・受かった喜びが……　・合格の喜び……？
・今度は僕が　・いざ旅立ち

中学生時代

僕は家から徒歩10分の普通の公立中学校に通っていました。当時の僕は精力的に活動していた模範的な生徒だったと思います。とまあ、こんなことを冒頭から自分で語っているると過去の栄光にすがっている残念な人みたいで恥ずかしいのですが（笑）。

しかし、この自己評価は間違っていないと思います。当時の僕は、生徒会にも所属しており、サッカー部では部長を務めていました。また、学業的にずば抜けて優秀ということはありませんでしたが、1学年約120人の比較的小規模の学校で、大体20番目から30番目くらいだったのではないかと思います。通知表では、5をもらうことは多くなかったですが、4の成績は常にとっていました。テストでは、それなりの成績を収めていたように思います。

このように精力的に活動する反面、僕はあまり学校が好きではありませんでした。なぜなら、中学校から「内申点」なるものが目の前に現れて、よくわけのわからない基準で判断されたからです。内申点が高校受験に関わることをいろいろなところから聞き、息苦しい思いをせざるを得ませんでした。別に行きたい高校があったわけでもなかったのですが、選択肢を狭めないようにそれなりの生活をしていました。しかし、学校にはよく遅刻したり、眠いから休んだり、意欲的に学校には行っていませんでした。特に中学生生活の最後の時期、高校受験直前期はよく学校を休んでいました。1週間ほど休んだ後、学校に行ったら、

「うわ！　あいつ学校に来とる！」

と、クラスメイトに言われたのを覚えています。いつの間にか不登校扱いをされていて、正直驚きました（笑）。しかし、今となってはこのでき事が当時の僕に対する予言でもあったのには、今振り返っても偶然なのか、それとも子供の持つ謎の力によって見抜かれていたのかわかりません。

そんなこんなで無事志望校に合格し、中学校を卒業しました。中学校を卒業してまず、「やっとつまらない中学校から抜け出せた」と思いました。しかし、待ち受けていたのは高校の入学前の課題でした。当時の自分には考えられない量のある課題を目の前にして、こう思ったのです、

「なんで高校受験終わったばかりやのに、こんなに勉強せないかんと？」

課題に嘆きながらも少しは高校生活に期待していました。課題の中に高校生活でしたいことというテーマで作文がありました。その作文に書いたことをぼんやりと覚えています。主に、2つのことを書いたはずなのですが、1つは忘れました。覚えているのは、「一生涯の友を作ること」。結果としてこれは高校では達成できませんでした。

高校入学

普通の新高校生として、多少の期待と不安を抱えながら入学式を迎えました。さすがの僕でもこの時点ではたった2か月後に学校に行かなくなるとは思っていませんでした。まあ、当たり前のことなのですが（笑）。

入学式を迎えて、「こんなに人いるのか！」と最初に思いました。高校の一学年の人数は通っていた中学校の全校生徒よりも多く、すごく衝撃的な感じを受けました。また、入学式で学年主任の先生が、「学校は1日も休まないように。1日でも学校を休むと授業はどんどん進むからついていけなくなります。だから遅刻することなく来てください。」とおっしゃっていたのを鮮明に覚えています。なぜ覚えていたか。簡単な話です。その言葉を聞いた瞬間自然と「そんなん絶対に無理に決まっとるやん」と口からこぼれましたから（笑）。

高校は自転車で35分くらいかかり、今までの自分からはあり得ないほど長い通学時間でした。もちろん、それだけ家を早く出なければならず、中学校でさえギリギリで（実際はよく遅刻していたが）登校していた僕にとっては地獄のように辛かったです。

クラスも30人から40人に増えて、人の多さに圧倒されてはいましたが、そのうち名前も覚えて、高校生活にも慣れだしたらきっと楽しくなるだろうと思っていました。

2か月間の高校生活のスタート

僕が生まれ育った福岡県の高校の多くでは、朝補習というものがありました。もしかすると他県の人には想像しづらいかもしれませんが、「0限」と考えてもらえばわかりやすいと思います。

朝の7時半くらいから曜日ごとに数学、英語、国語の3教科の授業が1コマありました。学校側としては、その朝補習で学習進度を早め、高校3年の夏までに高校過程を一通り終え、大学受験に備えることを目的としていました。

僕は、この朝補習の存在が本当に嫌いでした。長い時間をかけて登校し、朝早くから普通の授業を受けることが本当に理解できませんでした。未だに朝補習の存在意義をよくわかっていません。ただ、眠気と格闘するだけの50分。実際周りのクラスメイトの多くも寝ていたと思います。高校に通っていた約2か月間、「なんでこんな授業を朝早くから受けないかんと?」と、ずっと思い続けていました。もちろん、朝早くから授業があったことで結果を出した人もいるのでしょうが、この朝補習が学校に行かなくなった直接の原因かもしれません。

朝補習は最初から嫌いだったけど、高校でも精力的に活動しようと思っていました。僕は背が高かったので、いろんな部活から勧誘していただいたのですが、特にラグビー部の勧誘がすごくて、正直言うとうんざりしていました。ムキムキの先輩たちに道をふさがれて勧誘されるわけですから、びくびくしながら学校の廊下を通っていました（笑）。結局、体を動かすことは好きだったし、サッカーも好きだったのでサッカー部に入りました。

クラスでも、徐々にクラスメイトの顔が認識できるようになり、だんだん仲良くなりだす時期でした。しかし、名札がついていなかったので名前が思い出せず、すごく申し訳ない思いになったことを覚えています。中学生時代、下手に悪さできないなと鬱陶しかった名札の価値を失ってから気づきましたね（笑）。

勉強面では、あまり意欲的にはできなかったけれど、授業が理解できないことはなかったし、中学生の延長線上の内容でしたし、無難にこなしていたと思います。

いたって普通の高校生と同じように、文武両道を目指して毎日頑張っていました。

憂鬱な毎日

皆と同じように頑張っていた毎日を過ごしていた僕でしたが、だんだん不信感というか、倦怠感というか、簡単に言うならやる気が失せていきました。毎日朝7時に学校に出て、部活を終えて8時過ぎに帰る日々を過ごしていました。休日は部活の試合や練習でなくなり、疲労がたまり、その疲労から回復する暇すらありませんでした。だから、頭が鈍っていたように思います。

それが最もよく表れていたのは、自分のクラスメイトの名前を覚えられなかったことです。しかも、女子の名前ではなく、男子の名前を！　20人にも満たない人の名前が覚えられませんでした。２か月も同じクラスで過ごして、相手は自分の名前を覚えてくれているのに自分は名前すらも覚えられないことにある種の罪悪感を抱いていました。また、部活の同期、特に先輩の名前を覚えることができなかったのがすごく辛かったです。やはり、名前を覚えることは人間関係においてスタート地点ですし、これができなければそこから発展しません。人と関わるたびに一々ストレスを感じていました。

さらに、英語の授業前にある10個の単語テストが全く覚えられませんでした。当時の僕にはこれが本当に屈辱的でした。

「たった10個の英単語なのに……」

前日から対策しても満点を取り切れませんでした。クラスメイトの多くが満点を取る中で、勉強して取れないのではなく、必死に暗記してポロポロ間違えてしまっていました。些細なことなのですが英語の授業のたびに、僕にとって奇妙で不可解な現象がすごくこたえました。他にも、数学では普段ならしないような単純な計算ミスとか、他の教科での暗記作業が思うようにできなくてフラストレーションが溜まる一方でした。そして何よりも授業を集中して聞くことが難しくなっていました。

大学進学を前提としていた学校だったので、もちろん予習、復習、そして宿題を課されたのですが、これらをする気すら起きませんでした。もともとそこまでなかった学習意欲をそがれ、朝早くから学校に拘束されることがとてつもなく不快でした。

そんな時期、5月の下旬に担任の先生との二者面談がありました。面談の内容は、志望校はどこか、文理選択の調査でした。通っていた高校では、高校2年生から文系と理系に分かれるのですが、その進路選択を5月末にしなければならなかったのです。

「ふざけんな！　志望校・志望学部なんて、文理決まっとらん人が考えとるわけないし、そもそも2年から分かれるのに、なんでこのタイミングで文理選択しなきゃいかんのか。別に年明けてからでもいいじゃんか！」

これが率直に思ったことでした。小さい頃から将来の夢や目標を具体的に持ったことがなかった僕にとって、将来の文理選択をこのタイミングで決めさせられるのはすごく酷なことでした。担任の先生に僕はこう伝えました。

「文系でも理系でもどっちでもいいです。将来こんな仕事に就きたいという漠然とした目標すらないから、志望校なんて考えたこともないです。」

そしたら担任の先生に軽く怒られましたね（笑）。結局数学のテストの点数が他の教科に比べて良かったから（とは言っても所詮高校1年の最初の中間テストの結果であるのですが）、また理系のほうが文系に比べ潰しが利くからなどの理由で理系を選択しました。高校に通っていたら僕は全く違う人生を歩んでいたのでしょう。

また、普段の学校生活でも苦労がありました。それは、当時最盛期のアイドルグループでした。ちょうど大きな選挙が開かれていたので、高校はその話題で持ちきりでした。僕は全くアイドルに興味がなかったのですが、さすがに少しは知っとこうと思い、友達に教えてもらったのですがその人数の多さにうんざりしましたね（笑）。ここでもたくさんの名前を覚えなきゃならいのかと思いました（笑）。話題を共有できなかったのは面白くありませんでした。まだ趣味の合う友達を見つけていない段階だったので、友達に会いに学校に行くという考えも持てませんでした。

ふと気持ちが……

それは、６月の上旬でした。日曜日に部活の試合で学校に午前中から行っていました。しかし、自分は友人から誤った集合時間を聞いてしまい、1時間早く集合してしまいました。だから会場準備まで一人で待機しなければならなかったのですが、その時間にいろいろ考えてしまいました。

「俺は何で部活しているんだろう？　サッカーも好きかどうかもわからなくなってきたし、熱中できていないんじゃないか。そもそも高校も好きになれねぇし、何で俺はここにいるんだろう。」

そして、試合があったのですが、その日は土砂降りで泥だらけになって試合をしていました。その日は試合中でさえも集中できずに、「なんで俺は毎日へとへとになりながら、日曜日に雨の中試合をしているんかな。こんな思いをしに高校に来たわけじゃない！　部活辞めても朝補習もあるし、チャリを飛ばしてわざわざ学校に来て、授業を受ける気にもならんし、つまらねえ!!」

次の日、僕は軽い風邪をひいて学校を休んだ。前日長時間雨に打たれていたから風邪をひいた、そう思って学校を休みました。至極真っ当な理由で欠席しました。この１日の欠席で堰が切れたように疲れが、鬱憤が溢れ出し、それをコントロールできなくなりました。

学校に行かなくなってから

たった1日の欠席が自分の気持ちにとどめを刺し、僕は高校に行くという選択肢を捨てました。ひたすらに寝ました。眠りに眠り、眠りに眠っていました。正直に言うと小学校・中学校時代、ズル休みすることもありましたが、この時は自分でも自分のことがよくわかりませんでした。眠いという思い、朝早くから高校なんて行くもんかという思い、思春期特有の反抗的な気持ちや自暴自棄な気持ちが、僕の中で大爆発したような感じでした。当時の心情は今の自分でも上手く説明できません。わかっていたことは、「高校になんて二度と行かない」この1点だけでした。

両親には当然の如く怒られました。それはそうですよね（笑）。だから僕は黙ることとしかできませんでした。別にいじめられたわけでもなく、学業的に絶望的に落ちこぼれたわけでもなかったので、正当な理由がなかったのは自明でした。口答えしても惨めになるので何も言わない態度で示しました。いわば「沈黙の抵抗」でした。

両親には最初こそ看病してもらいましたが、やがて登校しないことを怒られ、呆れられ、いつもと様子がおかしいと感じたのでしょう、ある時期から僕に対する態度によそよそしさが見受けられるようになりました。変なやさしさをもって接しようとしてきたように覚えています。当時の僕からすると、両親のこの歩み寄りがすごく鼻につきました。

「ほっとけよ!!!」

一切の人間関係を断ち切りたかった。高校で築きだした人間関係、小・中学校の友達とも、親兄弟でさえも距離を置きたかった。携帯は電源を切って机のほうにブン投げて、一切の連絡を遮断しました。

そして、僕は眠り続けました。体が休息を求めていたことに加え、正面から向き合えない現実から逃避するために、睡眠に逃げ込んでいたかもしれないなと思います。1日20時間寝ることもありました。寝て起きてはご飯を食べ、寝て、風呂入って、ボーっとしてまた寝る。のどが乾いたら部屋に持ってきた2リットルのペットボトルで水分補給してまた寝る。こんな生活を1か月ほど続けていました。

親から通信制高校への転校を勧められたり、小説を読むことを勧められたりしましたが、「そんなことしてもつまらんし、意味なかろうが!」とすべて突っぱねました。そんな中で1つだけ受け入れたものがありました。東京に行くことでした。兄が東京の大学に通っていたために上京しており、兄の部屋で寝泊まりすることができたのでこの案が出ました。心の底から乗り気ではなかったのですが、幼稚園児のとき以来の東京に少し興味を持ち、東京に行くことにしました。

東京

夜行バスに揺られて約12時間、お尻の肉が取れそうになりながら新宿に着きました。兄が迎えに来てくれて、都庁に連れて行ってくれたり、兄の下宿先の街を案内してくれたりしました。翌日、一人で渋谷や原宿、池袋などに行きました。しかし、自分の気持ちが晴れることはありませんでした。無感動というか、つまらないとしか思えませんでした。

東京の人の多さや電車網には驚きましたし、見知らぬ土地に来て新鮮さを感じなかったわけではなかったのですが、特に感想が出てきませんでした。唯一しっかり覚えていることは、原宿の竹下通りを一人で歩いていたら、メチャメチャマッチョな黒人男性に「Are you shopping?」と声をかけられてすこぶる怖い思いをしたことくらいですね（笑）。ビビりな15歳の田舎者にとってはものすごく怖くて、東京って怖えと思いました。もしついて行ったら何を買わされたんだろう……（笑）。

また、兄の狭く汚い部屋で寝泊まりする生活も退屈だったし、苦痛だったので東京にいい思い出を作ることはできずに結局2日で帰ることにしました。

規則正しい不規則な生活

夏が終わるまで先述のような生活を過ごしていました。

寝て、ご飯食べてまた寝て、風呂に入ってまた寝る。使ってなかった古いテレビを自室に持ってきて番組を見たり、漫画を読んだり、ゲームをしたりもしました。しかし、やはり寝ることを中心に生活していました。小見出しの通り、規則正しく不規則な生活を送っていました。12～14時間寝て、13～15時間起きて活動していました（活動とは言っても俗にいう活動とは大きく異なりますが）。

世界は24時間で回っていますが、僕は25～27時間の世界にいました。つまり、24時間の世界とはズレが生まれてきます。

例えばある日午前0時に寝たとして、次の日は午前2時に寝ていました。その次は午前5時に寝て、翌日は午前7時のようにある意味規則的なズレた生活を送っていました。真昼に寝て、真夜中に起きることもあれば、夕方に寝て朝方に起きることもありました。毎日時差ボケしていたようなものでした。

起きているときは本当に何もしていませんでした。勉強なんて1秒もしなかったですし、本も読みませんでした。情報源はインターネットと少しのテレビくらいでした。周りは様々な勉強をして知識をつけていく中で、僕は中学生のまま進歩せずむしろ中学時代に得た知識すらも抜け落ちていきました。

自責の念に駆られる毎日

そんな怠惰で救いようもない状態で僕が唯一していたことは、考えることでした。考えるといっても別に高尚なことではなく、妄想になることもありました（笑）。ほとんどは自分の人生について考えていました。ほぼ1年半考えていたというか、後悔し続けたというか、悩み続けていたというのかわかりませんが、今の僕からハッキリと言えるのは当時の僕は無駄なことしかしていませんでした。しかしこれしか当時の自分にできることはなかったのでしょう。

自分の人生は終わったと思っていました。現代において、高校は半ば義務教育のようなものであり、特に大学全入時代において、高校すらも卒業していないなんて論外だと思っていました。とてつもなく不利な状況に陥るのが現実です。これは小学生でもわかることで、当時の僕もしっかりと理解していました。中卒ではアルバイトすらも探しづらくなります。だから自分の人生は完璧に終わったと思わざるを得なかったし、周りもそう思っていたかもしれません。

当時の僕には、復学するという選択肢もあれば、通信制高校に転入するという選択もできましたが、狭い視野でしか物事を考えられなかった僕にはどちらの選択も無意味なものにしか見えませんでした。高校すらもまともに通えない自分が勉強しても仕方ない、将来何をしたいかも決まってないから何かをしたいとも思えませんでした。

他にもいろいろ考えました。もし、部活をしていなかったら、不必要に多くの人に迷惑をかけることにはならなかったのだろうか。もし、家から最も近い高校に通っていたら、高校3年間通っていただろうか。そもそも朝課外はどこの学校にもあるんだから、高校の制度自体が僕に合わなかったんじゃないかなど、たらればな事ばかり考えて、憂鬱に陥っていました。

自分を責めて責めて責めまくった1年半でした。なぜなら、どうやっても責任転嫁できなかったからです。家庭の経済的な状況で高校に通えなくなったのでもなく、いじめなど人間関係に問題があったわけでもありませんでした。特にいじめによって自殺した同世代の子供のニュースを聞くたびに、「俺のほうが死ぬべきなんじゃないっちゃろうか」と、思っていました。どうやったら人に迷惑をかけずに死ねるだろうかと真剣に模索していた時期もありました。誰にも迷惑をかけず死ぬことなんて地球が大爆発でもしないかぎり不可能な話です。ある日いつものように寝たら、そのまま一生目覚めなくなったらなぁとか、自分の上にだけ隕石が落ちてこないかなとか、殺し屋が僕をスナイパーで狙ってくれたならなとかいうアホな妄想をよくしていました（笑）。

一番辛かったのがやはり家族に対して負い目を感じていたことです。親にしてみれば不登校児を抱えているわけですから、世間体的に最悪ですよね。兄にしてみれば、上京している人にとって安らぎの場である実家に不穏な空気が流れていましたから不快だったと思います。また、僕には兄に加えて弟がいたわけですが、小学生の終わりから中学生まで不登校の兄を持つことになったのですから、心の中でものすごく申し訳なさと情けなさを感じていました。僕が弟の立場だったら、友達も家に呼べないし、兄弟の話が出たときに気を遣うでしょう。

当時の自分を言葉で表すのはとても難しいのですが、反射的にうつむき、自分を責めていました。周りの人に目を向けると自分の無能さ、ダメなところが際立って見えてくることがとても辛く、ますます塞ぎ込んでしまいました。

それからも部屋では寝るか、絶望しているか、どうでもいいことを考えて過ごしていました。部屋で一人ぼっちで考えても一生答えの出ないことを繰り返し考えていました。

部屋から出るときは、風呂やトイレ、食事のときくらいでした。家族で囲む食卓に無言で食べ、食べ終わったら無言で部屋に戻っていました。誰とも目を合わせず、目が合うときは睨んでいました。家族がいないときに大きなテレビで番組を見たり、唯一心を開いていた愛犬と遊んだりしていました。

何も刺激がない日々でした。巷でいう「刺激的な毎日」の意味の刺激ではありません。純粋な意味で自分の周りから働きかけるものがありませんでした。何かにリアクションをすることがありませんでした。スポーツや映画を見ても感動できず無味乾燥な毎日でした。そんな毎日に変化をつけようと、真夏に窓を閉め切ってクーラーもつけず汗だくになりながらボーっとしたり、真冬に窓を開けたまま震えながら寝たりもしました（笑）。ネットでバリカンを買って坊主にしたこともありました。

どうでもいいことを列挙していますが、正直に言うならば、これ以外に特に何も覚えていることがありません。このことが物語っているように、周りの同世代の多くが「青春」を謳歌している時期に、僕はどす黒い闇のような生活をしていました。黒というよりもむしろ色がない生活と呼ぶべきかもしれません。無色（無職）の生活でした（笑）。

ふとしたきっかけ

それは、もし高校に通い続けていたとしたら高校2年の秋でした。かつて普通科の高校から通信制高校に転入し、卒業後数年のブランクを挟み、大学に入って卒業間近という人が自身の体験談をインターネット上の掲示板かなにかで綴っているのを偶然発見しました。その体験談の中で、ドロップアウトやブランク期間は大学卒業を通して取り返せるものだと彼は述べていました。また具体的な社会復帰のやり方、また彼自身が行った勉強内容や方法も書いてありました。「まず第一歩として勉強を始める前に1回病院に行け」と書いてあったのがすごく印象に残っています。

しかし、当時の捻くれた僕にはそんなうまい話があるかと到底信じられませんでした。「成功して結果出したからそんなこと言えるっちゃろ？　1回レールから外れたら、特別な才能がない限り社会復帰なんてできんったい。」と、思っていました。ただ、「高卒認定」の4文字には引っかかりました。高卒認定を得れば、高校を卒業しなくても大学受験をすることができます。この存在をしっかりと認識したのはこの時でした。

これをきっかけとして、もし自分がこんな状況から大学に行ったらという妄想が始まりました。もし勉強を始めたら受験シーズンまでにどのくらいの成績を残せて、どこの大学に行くことができるのだろうかと考えていました。そして、現実的に無理だと悟ってまた沈んだ気持ちになっていました。世の中の大学受験生は、特に難関大学を志望する人は、中学生から大学受験を視野に入れて勉強している人もいるのに、高校さえも行ってない自分には大学に行くことなんて夢物語のように思えました。

後日、なんとなくインターネットで「高校中退　大学受験」と検索しました。すると、「中卒からの～」や「不登校からの～○○大学」などたくさんの合格体験記がありました。これを見て「けっこういるな」と思ったのが正直な感想でした。様々な成功ケースが載っていました。ブランク期間が長かった人、高校を辞め一度社会に出てから大学に入った人、過酷な状況から難関大学に合格した人など本当に多種多様で少しの驚きと「ひょっとしたら自分もできるかも」と思わせる魅力がありました。

それから高卒認定試験について調べました。文部科学省が実施する試験で、8月と11月の年に2回行われます。かつては大検と呼ばれていましたが、受験資格などが変わり、高卒認定になって受験しやすくなったそうです。

受験科目として、国語、数学、英語は必修で、社会・理科・公民分野でそれぞれ科目を選択して、合計で８～10科目を受けなければなりません。ただ、高校で取得した単位によって受験科目を免除することも可能です。ただ、僕の場合は２か月しか通っていなかったので免除する科目はありませんでした（笑）。

実際にどんな問題が出るか気になったので、試験範囲や過去問を見てみたのですが、すべてマークシート式だったので比較的取り組みやすいかなと思いました。また、一口に「数学」といっても、実際の試験内容は「数学Ⅰ」のみで、「数学A」「数学Ⅱ・B」などは出題されず、時間もかからず合格できそうだと当時は思えました。その他の教科も大学受験のような難解な応用問題ばかりではなく、出題範囲は限られ、平易な問題が多いという情報も書いてあったので真剣に高卒認定試験を受けることを考え始めました。

退屈と苦痛にまみれた毎日に変化をつけたかったのかもしれません。もしくは心のどこかで「人生やばい」と危機感に駆られていたのでしょう。ただ、志望する大学があったわけでもなく、勉強したいと思っていたわけではありませんでした。動機はネットの体験談を見ただけという本当に単純なものでした。

そして試しに高校に行っていたならば、とっくの昔に終わらせていた数学Ⅰの参考書を開きました。全くわかりませんでした。「まあわかったらそれこそ学校なんて行く必要もないか（笑）」と思い、机の棚から中学校の数学の問題集を引っ張り出して解き始めました。

そこでブランク期間の恐ろしさを知りました。頭が錆びついていたという表現しか思いつきません。脳の処理速度が明らかに遅いと感じられました。中学生のときできていた、ましてや小学生のときにすらできていた計算をゆっくりやってもボロボロに間違えまくりました。これが物凄く辛かったです。「やっぱり大学なんて無理だ」と何度も思いました。

結局1回脱落したら取り返せない、現実は甘くないと諦めました。しかし、またふとさっきの体験談を見てやる気を出し、勉強しました。2回目もすぐに無理と諦め、それから何十回とチャレンジしては諦めてを繰り返していました。約1か月一人で悩んでいました。

これと並行してもう一つ悩んでいたことがありました。それは親と対面することでした。同じ家に住んでいたのにこのように表現するのも奇妙な話ですが、約1年半まともに接していなかったので、親に話を持ち掛けることはものすごく勇気が必要なことでした。ただでさえ反抗期真っ盛りだったのに、さんざん親の歩み寄りを突っぱね続け、何も意思表示をしなかったくせに、親に協力を求めることはすごく決まりの悪い事でした。

勉強よりも親に相談することのほうにより抵抗がありました。なかなか最初の一歩が踏み出せませんでした。部屋の中をぐるぐる回りながら、親に話しかけようかずっと迷っていました。廊下ですれ違ったとき「話したいことがある」と一言声をかけることがこんなにも難しいのかと思っていました。告白をしようか迷っている恋する乙女状態でした（笑）（現実は可愛さのかけらもない短髪の男でしたが（笑））。それは12月の上旬、もう季節は冬でした。ついに決心し自分の言いたいことをノートに書き、夕食後リビングで小さな声で言葉を振り絞りました。

「話したいことがあるけんここにいて」

親との対面

まず、なぜ親に協力を求めたかというと、ネットに「身体と精神の健康が必要である」と書いてあり、そのためには親の協力が不可欠だと考えたからです。当時の自分の体と心が不健康であることは自明であったので、まず病院に連れて行ってもらうことを懇願しました。

次に自分が今後どうするべきなのかを質問しました。一応高校に籍はあったので、復学することも可能でしたが、そうするつもりはないと訴えました。高校には二度と行かないと決めていましたから、中退することを前提に話しました。実質的に中卒の僕は大学に行かなければならないが、高卒認定というものがあり、高き壁ではないことを知ったからとりあえずこれを取るつもりだと話しました。そして学校に行く気になれなかった理由、文理どちらにすべきかなど自分の思いを思いっきり親にぶつけました。

半泣きになりながらどうすればいいか助言を仰ぎました。最初は論理的に説明しようとしましたが、ただ内に秘めたものを吐き出すだけになってしまいました。しかしそれでよかったと今になって思います。

「よく話してくれた。話してくれてありがとう。」と父親が言ってくれました。会話をするだけでありがたいと思われるような存在になっていたのだなと、少し情けなくも感じてしまいました。母親にも涙ながらに同じようなことを言われてしょげたくなりました。僕に気を遣ってでしょうが、「あなたのおかげで親として成長できた。」と言われたときは、「自分は子として何も成長できてないな」と思い、うつむいて黙ることしかできませんでしたね。

次に祖母に会いに行きました。僕が学校に行っていない頃、祖母がガンであることが発覚しました。小さなガンではありましたが、手術してガンを乗り越えました。小さい頃からよく面倒を見てくれた祖母と対面するのは、両親よりもためらわれました。祖母の家の玄関で、申し訳なさそうな顔をした僕を見て、祖母は僕に抱きついてきました。「あんたが元気だったらなんでもいいとよ」一言だけ言われました。その時僕は黙って頷くほか何もできませんでした。

そして、睡眠に問題があるのは明らかでしたから、睡眠科の病院に行きました。病院に入るまで駐車場から２００メートルくらい歩いたのですが、その２００メートルが果てしなく遠く感じられました。また普段日光の下で生活していなかった僕には、眩しすぎてクラクラしてしまいました。「さすがに俺やばいな。人間じゃなくなったみたい」と思いました。母親に手を引いてもらいながらなんとか病院に辿り着き、診察を受けることができました（笑）。

そこで僕は「概日リズム睡眠障害」であると診断され、具体的にいうと「睡眠相後退症候群（DSPS Delayed Sleep Phase Syndrome）」であることが判明しました。医学的には素人ですから詳しくこれについては言及できませんが、当時の僕のような不登校の中高生で病院に診察を受けに来る子供は多く、睡眠の問題と不登校には一定の関連があると、病院の先生がおっしゃっていました。

これから大学受験をするつもりだという旨を伝えたら、かつて同じように診察に来て大学に入っていった人の話をしていただいて、「自分だけではないんだな」と思えることができ少し救われたような気がしました。また、自分のことについて知れたことで、自分を客観視することができたような気がしました。

ブランク期間の影響

それから、最初の1か月は規則正しい生活をすることから始めました。睡眠導入剤やライトを使って、生活リズムを整え健康的になろうと努力しました。それと並行して英語と数学を中学生レベルから少しずつ始めました。英語と数学は時間がかかるものなので早くから取り組もうと考え、実行に移しましたがやはり簡単ではありませんでした。

まず、全くというほど集中力が続きませんでした。めちゃくちゃ勉強したと思っても30分しか経っていないし、1ページしか進んでいませんでした。膨大な量を覚えることになるのにこのペースじゃ無理だと悲観的になっていました。また、脳だけじゃなく身体的にも大変でした。圧倒的なまでの筋肉痛！（笑）。指、腕、腰、首など体中が悲鳴をあげました（笑）。日頃の運動の大切さを思い知りました。精神的だけでもなく肉体的にもどん底からの滑り出しでした。

しかし、やはり一番辛かったのは今までわかっていた、知っていたことを忘れてしまっていたことです。もちろん昔に習ったことを今も完璧に覚えている人はいないと思います。人間は忘れる生き物です。けれども、僕の場合何も新しい知識を獲得していなかったので、勉強すればするほど、この知識の忘却に直面してそれが際立ってしまい楽観的にはなれませんでした。英語の勉強をしていて、sent（send の過去形 ~を送る）の意味が出てこなかったときは「俺は今まで何をしていたのか」と泣きそうになりました。

それから約3か月独学をしました。数学と英語に加え、簡単な現代文もやり始めました。この時は効率なんて考えずとりあえず勉強することだけを考えていました。高校入学と同時に買って机の上に並んでいた真新しい教科書・参考書を少しずつ少しずつ開きました。今振り返れば当時完璧には理解できていなかったと思います。しかし当時の自分にとって徐々に問題がわかるようになってくるのが楽しく感じられました。わかるといっても同じ基本的な問題を繰り返していただけではありましたが、それでも価値があると信じて継続していました。

とは言え、何も毎日継続して勉強できたわけでは決してありませんでした。15分しか勉強しない日もあれば、全く勉強しない日もありました。やりたいことが見つかったわけでもなく、勉強したくて勉強を始めたわけでもありませんでしたから、モチベーション維持は大変でした。だから、勉強しない日はどれくらいのレベルの大学に行けるのかなど、将来やりたい方向を定めようと努めました。その結果は言うまでもありません（笑）。約1年半考え続けても何も浮かばなかったわけですから。

そこで、僕は無理やりに目標を作りました。それは、１年間勉強すれば浪人ではなく現役で大学に行けるということでした。高校を辞めた自分にとって普通に高校に通っている人たちと同様にストレートで大学に入ることで、何か救われるのではないかと思っていました。いわゆる高校２年相当の間に決心できたのも、このことが頭の隅にあったからかもしれません。

ただやはり、ちまちま英単語を勉強していても、「高校に通っていればこんな簡単な単語わかっていたんだろうな」などと思ってしまい、自分の中に閉塞感が漂っていました。そんな時期に関西に住む叔父さんから引っ越しの手伝いがてら、旅行に来ないかという誘いがありました。僕は、修学旅行などでしか旅行をしたことがなかったのですが、親の勧めもあって行くことにしました。この３泊４日が自分のなかで大きなものとなりました。

京都・大阪

飛行機に揺られ大阪に着くと叔父さんたちが空港に迎えに来てくれていました。叔父さんの家で1泊した後、叔父さんの職場である大学に行きました。この時初めて「大学」という場に入りました。今まで僕が抱いていた小・中学校や高校のような学校のイメージとは違い、目の前に広がっていたのはたくさんのキャンパスがある広大な場所でした。

叔父さんは大学教授だったのですが、それを知ったのはその年の正月でした。教授室の片づけをお手伝いしました。膨大な量の難解な書類が段ボール十数個分あり驚愕したのを覚えています。お昼は学食で食べました。ものすごくまずかったのを覚えています（笑）。当時大学は春休み期間で決して賑やかではありませんでしたが、オープンキャンパスのようなものではなく、日常の大学を少しだけ垣間見ることができた貴重な機会でした。翌日も片づけをして、最終日は京都を案内してもらいました。夕ご飯は関西名物などをご馳走になりました。

これではただの日記でありますが（笑）、この旅行で最も自分のためになったのは、僕の叔父さんと短い時間ではありますが共に過ごせたことです。

叔父さんは一言でいえば変人です。しかしものすごくテキパキとしていて、とてつもない行動力を持ち、無駄のない合理性の極みのような人です。そんな叔父さんが働いている姿を間近で見ることができました。よくよく思い返せば、大人が働いている姿を見る機会が僕にはあまりありませんでした。父親も会社ではそうなのかもしれませんが、その姿を家で見ることは叶いませんでした。家ではリラックスするのが普通ですよね。だからこそ、世の中の人と比べてよりテキパキ働く叔父さんの姿は、自分に足りないものを示してくれました。さらに、その行動力。迷わず淡々と次の行動に移り様々なことを成し遂げていく姿勢。いずれも自分が持っていなかったものでした。

叔父さんと共に過ごせたことが、それからの僕に大きな影響を与えました。幸運なことに僕には親戚に恩師と呼べる存在がいました。お手伝いなどといいながら実際はただの足手まといだった僕をよくしてくれて、いろいろなことに気付かせてもらった、教えてくれた４日間でした。

退学

ある日、親から退学するためには学校に行き本人の承認を経ないと退学できないから、高校に行かなければならないと言われました。書類で片づけば楽だったのですが、親から先生方にも迷惑をかけたのだからと諭され、約2年ぶりに高校に行くことになりました。人生最後の学ランだなと思い、ベルトがいつもと違う穴に通ることに目をつむりながら（やっぱり太ってしまった（笑））高校に行きました。

高校に着いて、中に入って校舎を見回したけれども、何も覚えていませんでした。高校ってこんなに大きかったかなと思いました。どこにどの教室があったことも覚える前に辞めてしまったのだから仕方ないのですが、同時にまるで卒業してしばらくたったOBのような気分もしました（笑）。

僕が1年だった頃の担任の先生、学年主任の先生、そして僕が留年をするにあたり、学年をおりて担任を受け持ってくれた先生とお会いしました。正直に言えば、先生方のお顔もぼんやりとしか覚えていませんでしたし、わざわざ僕の担任になってくださった先生についてはおおよそ初対面でした。その先生にはものすごく申し訳なく思いました。「自分は多くの人に迷惑をかけてしまっていたんだ」とその場から逃げ出したい気持ちに駆られました。

1年生のときの担任と学年主任の先生は僕の決断を尊重してくれました。いろんな言葉をかけていただいたはずですが、よく覚えていません（笑）。ただ、「大人になった」と言われました。高校入学時よりもアホになり、何の知識も身につけていない自分にこのような言葉は不格好だとしか思えませんでした。もしかしたら少し老けたことから言われたのかも（笑）。

その後、お偉い先生方を前にして退学手続きをしました。今後当面の目標として高卒認定を受けることを伝えました。この手続きで退学することになるがよいかという問いに対して、「構いません」と、はっきり述べました。

あっさりと退学手続きは終わり、自分が同席する必要性に首をかしげながら、高校をあとにしました。これで、背水の陣を敷き完璧に踏ん切りがつきました。こうして僕は同期よりも1年早い、２年間（実質２か月）の高校生活を終えました。

浪人生に混じる中学生

みんなが高校生活最後の1年間を迎えていた頃、僕は予備校にいました。やはり完璧な独学は難しいだろうと、予備校にある高卒認定から大学受験までカバーしているコースに行くことを両親から提案されました。兄に勉強法を聞いても「そんな昔のことなんか覚えとらん」と言われ困っていた僕は、予備校に行くことにしました。

予備校に入る前に親と進路相談をした結果私立文系を選択しました。自分としてはさんざん迷惑をかけてきたから、せめて金銭的負担だけはかけたくないと思い国立大学を目指すことも考えたのですが、短期間で結果を出すには私立文系が最も適していると父親に言われ、現役で大学に受かりたいと思っていた当時の僕は親の意見を素直に受け入れました。高校では理系を選びはしましたが、振り返ると理科系にはそこまで興味がなかったためこの時点で理系に進むことは選択肢から消えていました。

予備校では、英語・現代文・古文・世界史は浪人生に混じり、その他の教科は高卒認定用のクラスで講義を受けていました。最初の頃は学校と違い、90分間の授業時間が果てしなく長く感じていました。しかし、第1コマ目は朝の9時から始まり、自転車で15分ほどで通える範囲に予備校があったため、さすがに予備校に行くことが苦痛になることもありませんでした。

浪人生のクラスでは自分よりも一つ年上の人たちと講義を受けていました。自分の時間割上の都合によって、難関国立志望クラス、難関私立志望、医学部志望クラスなど教科によって様々なクラスで浪人生と授業を受けました。まるで飛び級をしている気分でした（笑）。しかし、知識のレベルが全く追いついていない点で飛び級とは全く異なりました。周りは誰も知らない、勉強もわからない、これから自分がどれくらいの成績まで伸びるのかも全く未知数の中で、僕の浪人生みたいな生活が始まりました。

3年間の差

今までの人生の中であんなにも多くの未知の言葉を聞く講義はありませんでした。90分間知らないことだらけでした。もちろん、周りは浪人生でしたから講師もサラッと次の内容に進んでいきます。「来年の受験に間に合うわけないか……」と思いながらも踏みとどまり勉強しました。「逆にわかったらそれこそ高校や予備校なんて行かなくてもいいじゃん（笑）」と割り切ることを意識して毎日励みました。

講義で理解するための素養がなかったため、やはり自習時間は確保せざるを得ませんでした。ここでやはり僕も多くの受験生と同じように、どの参考書を使えばいいか、どういう勉強法をすればよいのかなどで悩みました。相変わらず兄に聞いても「そんなん覚えとらん」と言われたので、インターネットでの口コミ等を参考にしていました。

ネットにはものすごく丁寧に書評されているものもあれば、明らかに適当なものもありましたから、見極めが必要でしたが、評価の高い参考書を実際に本屋で見てみてから購入していました。貯めていた小遣いで買っていました。だから無駄にはできないと血眼になって自分に適している本を探していました（笑）。親に買ってもらうよりも自費で買うことを僕はお勧めしますね。現代では、ネットできれいな中古の参考書を安く手に入れることができたので、ネットで買うこともありました。僕は兄よりも体が大きかったので、洋服などは「お上がり」することが多かったのですが、参考書に関しては兄のお下がりも活用していました。

このようにして参考書はそろったものの、どう使えばいいのかわかりませんでした。「単語は見て覚えるもの」、「いや単語は手・目・口・耳で覚えるもの」、「５回以上反復しても無意味」などいろいろな受験名言（時には迷言）がある中でどれが正しいのかなど知る由もありませんでした。「勉強は量に比例する！」、「勉強は量より質だ！」講師によっても言うことはバラバラでした（笑）。当時右も左もわからなかった僕はこれらの言葉をやみくもに信じ、試していました。「受験あるある」に嵌っていたのかもしれません。

当時の僕はＴＨＥ・ボッチでした（笑）。当然ながら知り合いもいないし、一人で勉強するだけでしたし、ご飯も休憩時間もずっと一人で生活していました。友達と問題を出し合いっこしたりすることもなく、受験の情報を知ることもできず孤独な戦いでした。一人でいることに抵抗のある人は世の中多いですが、ただそれまで本当の一人ぼっちだった僕はこの状況を全く苦痛に感じませんでした。「結局勉強って自分でするものだし」と飄々と大教室の机に向かい暗記とかをしていました。

そんな仏頂面とは裏腹に、周りの人たちに果たしてどこまで喰らいついて行けるのだろうかと常々不安に思っていました。5月末頃に模試が2回あったのですが、時間も足りずチンプンカンプンでした。限られている簡単なところを答え、記号はとりあえず勘で選択することしかできませんでした。その模試の結果が、無残な数字とともに返ってきました。チューターさんからは高校行っていない割にはよくできているとは言われましたが、何の気休めにもなりませんでした。

「英語失敗して偏差値70いかなかった（笑）」「わたし英語苦手だから偏差値60ちょいがギリギリなんだよね……」「今回の国語簡単だったから偏差値なんてあてにならないよね～」浪人生のクラスで聞こえてくる模試の結果の言い合い。「こいつら俺に何の恨みがあるのか」と問いただしたくなりました。そんな僕の偏差値は50にも達していませんでした……。

慣れてきた予備校

朝起きて、時間割通りに予備校に行き勉強して、大体同じ時間に帰宅するというペースが自分の中で確立してきたのは6月頃だったように思います。相変わらずよくわからないことを覚えては忘れ、力がついてきた実感もありませんでしたが、規則正しく予備校に行くことには慣れてきました。勉強し始めてから2・3か月経ち、幾分か理解は進み、講義をただひたすらについて行くだけでなく、楽しめるようにもなりだしました。

特に楽しかったのが世界史でした。2コマ連続、3時間の講義が毎週あったのですが、この3時間がとても楽しかったのです。もちろん王様の名前や戦争の名前など全く知らなかったので、講義後は暗記地獄が毎週待っていたのですが、名物講師のおかげもあってこれを苦痛に感じることなく、むしろこの講義を受けるために毎週予備校に通っていました。

授業はめちゃくちゃ早く、浪人生用の講義なので簡単なところは軽くしか触れませんでした。しかし、その単元に関わる小ネタをこれでもかというほど話してくれました。やはり一度習ったことのあるものを飽きさせないようにするための工夫ではあったと思うのですが、それがめちゃくちゃ僕の知的好奇心を揺さぶりました。小中高と授業を受けてきましたが、この講義ほど自ら学ぼうと主体的に受けた講義はありませんでした。教科書や参考書とにらめっこするだけでは決して得られないものをその講師には教えてもらいました。

必ずしも受験で点数を取ることにつながることばかりではなかったので、俗にいう「勉強の効率」からみれば否定されます。しかしながら、興味を持つことで理解は進んでいきました。この講師に出会えたおかげで、世界史の成績はグングン伸びていきました。

英語に関しても同様でした。高校の英語の授業で英文にＳＶＯＣを振り分ける意味がよくわからず、ずっと意味がわからなかったのですが、文法の構造を把握して和訳することで間違えなくなると講師が講義中に話していたことで合点がいったのを鮮明に覚えています。「和訳はパズルのようなもの」と言っていたのがすごく印象的でした。

国語でも理科や数学でも同様に、些細なことを新しく発見しただけで、その教科に対しての印象が変わることは多々ありました。それは今まで適当にやってきたことの裏返しでもあったのでしょうが、勉強に対して能動的に向き合いだせるようになりました。

高卒認定

英語・国語・世界史を軸にしながら、高卒認定試験の勉強を並行して勉強していました。高卒認定試験については正直全く心配していませんでした。力を入れていたのは、理科科目（地学・生物を選択しました）と地理だけでした。高卒認定のシステムについては後述しますが、世界史は必須でしたので、大学受験に向けて勉強していた僕にとって世界史は全く苦になりませんでした。数学についても予備校に行く前に基礎的なことを身につけていたので同様でした。また合格点が40～50点（100点満点）であったので、余程のことがない限り不合格になることはないなと思っていました。

問題を解いていて、高卒認定試験は落とす試験ではなく、いわゆる救済措置的な側面を持つ試験だとよくわかるものでした。

8月の頭、2日間にわたり試験が行われました。暑い中試験を受けに行ったのですが、教室に入って驚きました。それは何かというと高卒認定試験を受ける人数の多さです。それまでは、高卒認定試験を受ける人は高校を辞めた人くらいだと思っていましたが、現実は通信制高校や普通制高校に通っていると思われる人たち、制服を着て集団で受けている人、自分よりも明らかに年齢の高い人などが僕と同じ教室で試験を受けていました。確かに県で1つしか会場がありませんから、県中の人が集まるのですが、これには意外だったというか、世の中いろいろな人間がいるのだなと思えました。人として少し成長できた場面でした。

試験のほうはどうだったかといえば、生物を除いてあっさりと問題を解きました。落ちるわけないと思っていました……。生物を除いて。例年よりも生物が難化したのですが、試験当時正直やばいと思いました（笑）。恐る恐る、片目をつぶりながら自己採点をしたことを覚えています。結果は52点。「あぶねーー」この感想しか出ませんでした。試験終わりに言い訳を考えるくらい手ごたえがありませんでしたから（笑）。

8月の終わりくらいに合格通知が来ました。僕としては特別喜ぶほどのものではないと思っていましたが、親は喜んでくれました。僕の視線の先には来年の受験しかありませんでした。

大学受験勉強の本格化

高卒認定試験を無事に突破し、大学受験に向けて英語・国語・世界史に本腰を入れ勉強しだしました。この頃に志望校は早慶に設定していました。志望するレベルは高く設定したほうがより良い結果が出ることはよく言われていることでしたから、それに倣って早慶を目指していました。

講義も春に比べてより実践的で細かくなり、相変わらず知らないことだらけでしたが、春ほどの絶望感はありませんでした。周りの浪人生が話す模試の結果も春に比べたらその差は確実に縮まっていました。暑い夏休みに勉強した成果が出始めたのを実感でき、それをすごく楽しく感じることができました。

しかしやはり現実はそう甘くありません。秋にある模試ではことごとくE判定の嵐でした。ただ、間違いなく偏差値はじわりじわりと上がっていました。世界史については未習の範囲があったにもかかわらずコンスタントに65ぐらいはあったように思います。ネックだったのが古典でした。自分の中で優先順位がどうしても下がってしまい、苦手なままでした。

この頃、ふと自分自身について考えたことを思い出します。秋の肌寒さがそう感じさせたのかわかりませんが、「よく継続して勉強しているな」と自分自身でも驚いていました（笑）。通学途中の信号待ちでしばしば「果たして俺は本当に早慶に受かるレベルになるちゃろうか」と物思いにふけっていました。思い返せば久々に四季を部屋の外で感じ、ふつうの人と同じように生活している自分は、もちろん決して当時の立場が好転したわけではありませんでしたが、いい方向に向かっているのかなと感じていました。

ただ、返却される模試は無残な結果ばかりで、特に早慶大向けの模試はなおいっそう芳しくありませんでした。冷静に考えれば結果が出ないのは当たり前なのですが、やはり悪い点数を取ることは気持ちよくありませんでした。よく現役生は最後の最後まで伸びるといわれるように、僕も最後の最後まで伸びることを信じて勉強をしていました。時にはだれることもありましたが、自習室に通い勉強しました。季節は秋から、ハロウィンという名の仮装パーティーシーズン、クリスマス、正月とあっという間に過ぎ去り、センター試験がやってきました。

初めての大学受験

僕は私立文系でしたがセンター試験を受けました。３教科で受けることができるセンター利用で出願したから受けたのですが、個人的にセンター試験を受けてみたかったから出願しました。出願したとはいえ、過去問も解かず私立用の対策ばかりしていたので、記念受験といわれても何も言い返せませんね（笑）。

理科科目を受けなかったので、１日だけだったのですが、会場の緊張感に押しつぶされそうになりました。雰囲気は高卒認定のときも、高校受験のときもここまで殺気だってはいませんでした（もしかすると僕が受けた会場だけかも？）。

英語・リスニング・国語・世界史を受けましたが、やはり国語ができませんでした。得意だった現代文もできが悪く古典がまるっきりできませんでした。しかし、あくまでセンター試験は試験慣れのためだと割り切って、２月に控える一般入試の対策をしていました。

冬から過去問を解き始め、早慶の問題の難しさに苦戦しながらも、徐々に慣れ始め多少の手ごたえを感じるようになっていました。この時期には法学部を第一志望にしていました。なぜ法学部を志望したのかというと、全く褒められた理由ではないのですが、父親や兄が経済系だったので、僕は違う方向に行こうかなと思ったからです。極めて浅はかな理由なのですが、志望先がないと発展がないなと危惧していたために法学部という具体的な目標を立てました。

また、大学ももちろんのこと学部によって配点から出題形式、問題の難易度も大きく異なります。早慶は、やはり法学部が最も問題そのものが難解でしたので、これを解けるようになれば様々な問題に対応できると思い、集中して解いていました。

直前講座をこなしつつ、最後の追い込みをかけ、2月上旬僕は東京に飛び立ちました。

2年半ぶりの東京での受験

最初の数日は父親に付き添ってもらい、受験会場まで案内してもらうなど、いろいろ手助けしてもらいました。高校に行かなくなった直後に回ったときも兄に付き添ってもらったので、東京のあの電車網を迷わずに使いこなせるか不安でした。そして相変わらずの人混み。地方の人が受験するのはすごく不利だなと痛感しました（笑）。これを日常的にこなしている都心の人たちはすごいなと思いましたね。

また、東横線の渋谷駅が地下に潜って、副都心線と直通したため以前見た光景とはまるっきり変わっていたことがすごく印象的でした。東横線を利用して渋谷に来て、迷路のような大都会の中を彷徨っていた当時、まさかまたここに受験のために戻ってくるとは到底思えませんでした。約3年間の間に駅がガラリと変わったように、僕も反抗心まみれのひねくれた少年から、幾分かマシだが全く教養のない中卒の青年になりました。この変化が好ましいものかどうかはわからないのですが……（笑）。

そしていよいよ初めての大学受験が始まりました。まずは、明治大学でした。ここでいきなりの洗礼を受けました。それは、満員電車でした。試験は通勤ラッシュと完璧に重なる時間に実施される予定ではなかったのですが、まさかの大雪！　大雪で電車のダイヤが乱れた関係でテレビでしか見たことのないあの満員電車に乗らざるを得ませんでした。電車に乗っている時間自体は20分くらいだったのですが、その20分は地獄のようなものでした。せっかく買った傘も満員電車の人の圧力でへし折れてしまいました。都会の洗礼を受験する前に受けてしまいました。

駅から出ると道路の脇に雪が積もり、大量の受験生の列がまるで大名行列のごとく会場先までのびていました。地図でルートを確認したり、実際に下見もしましたが、単語帳を読んで歩いている人の流れについて行ったら迷うことなく会場に着きました。

会場に着き、試験開始まで待っているとアナウンスで雪により試験開始を遅らせるとの連絡がありました。試験にはハプニングはつきものといいますが、試験を受けるまでにこんな展開が待っているとは予想できませんでした。

肝心の試験はどうだったのかというと、何もミスすることなくしっかりした手ごたえを感じました。とは言え、あくまで滑り止めという心づもりだったので、浮かれることなく控える早慶大の入試に備えていました。

そして早稲田・慶應の法学部の試験を受けました。ここでも雪の影響があり開始時間が遅れ、特に早稲田のときは開始時間が昼になり、雪風で濡れてしまったズボンのまま待機しなければなりませんでした。「雪では滑っても、大学は滑らない」と父親に冗談を言ったら鼻で笑われたのを思い出します（笑）。早稲田法学部に関してはそれなりの手ごたえがありました。「もしかしたら……キタかも！」とホテルで浮かれていました。これと対照的に、慶應法学部入試では全くできませんでした。英語は壊滅的だったし、得意の世界史もボロボロでした。

その後慶應の商学部、早稲田の商・社会科学部を受けました。早稲田の商学部の受験の前に明治から合格をもらい、現役の年に大学生になるという目標はかなえることができました。そして、早商の試験が終わった後、親から慶應法学部が不合格だったのを聞いたのですが、落ちたことに納得のいくできだったのでそこまで気に留めませんでした。

一方で早稲田社学についてはできがよくありませんでしたが、商学部については早慶どちらも手ごたえはありました。慶應商は社会科受験でしたので合格者数が少ない分受かりづらいかなと思っていましたが、どちらかには合格しているものと踏んでいました。社学の受験日が早稲田法の合格発表でした。親から聞かされたのはまさかの不合格。これにはなかなか腑に落ちませんでした。ただ、「やはり法学部はそんなに甘くないのか……」と諦め、どうせ行くなら法学部がよかったなと思いながらそのまま最終便で地元に帰りました。

不合格の嵐

ウキウキしながらインターネットの合格発表を見ても不合格の文字ばかり。素直に受け入れることができませんでした。手ごたえのあった学部も補欠にすら入っていませんでした。明治には合格をもらったけれども、早慶には手が届きませんでした。受かると思っていただけに、そのショックは胸に深く突き刺さりました。

「結局、中卒が努力しても意味ないのか……」ショックのあまり1日ご飯を食べなかったこともありました。ろくに親とも口を利きませんでした。1日のほとんどを自分の部屋で過ごしていました。兄から電話が来ましたが、まともに話す気分でもなくすぐ突っぱねてしまいました。傍から見ればまるで約3年前に高校に行かなくなったときとそっくりでした。

そんな僕を見て、親は明治に進学することを勧めてきました。「高校中退から、勉強もせずにどん底の状態からここまで這い上がったら万々歳だ。もう一年間やるのもいいが、大学に入り大学で新しいことを学ぶほうがいいんじゃないか」と諭されました。

「僕はどうしたいのだろう?」この事ばかり考えていました。何気なく勉強を始め、普通の高校生と同じように現役で大学生になることを目標に掲げ、その目標はかなえることができました。ただ同時に、早慶に届かず不完全燃焼でありました。では、もう一年掛けてまで、早慶に行きたいのかと自分に問いただしてもしばらくはっきりした答えは返ってきませんでした。

書類提出期限を迎える直前に、僕は親のその提案を突っぱねました。しかし、今回は子供の駄々ではなく、自らの意思をもって決断しました。やはり諦めることができませんでした。もう少し自分の可能性を試してみたいと思いました。妥協したくありませんでした。

結局僕はもう一年勉強することを選び、こうして正真正銘の浪人生活が始まりました。

宅浪の始まり

浪人にもいろいろありますが、僕は宅浪をすることにしました。自宅浪人は、ペースを維持できないことから敬遠されがちでしたが、1年間予備校で学んだので、同じような講義を受けても仕方なかったですし、浪人する以上余計な経済的負担は掛けたくありませんでした。この選択にやはり親は疑心暗鬼でした。僕の過去のこともありましたし、生活リズムを1年間維持していたところから、また逆戻りしてしまうのではと感じたのでしょう。ただ、予備校に行くことは自分にとって無駄だと考えていました。その代わりインターネット予備校を利用しました。月１０００円ほどで利用でき、はじめは気晴らし程度に見ていましたが、意外としっかりしていたので予備校に行かなくてもいいなと思いました。

宅浪を決断して勉強を始めたのは3月下旬でした。それまでに自分がなぜ落ちたのか、早慶に手が届かなかったのかをとことん分析しました。不合格になった一番の理由は英語が完成していなかったことでした。やはりどうしても1年間では演習量が不足していました。

次に挙げられたのは古典の力不足でした。早稲田商では古典で満点を取ったりもしたのですが、あくまで簡単な問題しか解けず他学部では悪い点数しか取れませんでした。最後に挙げられることとして、すべての教科に関して細かいところで詰めが甘かったです。3教科しかない私立受験は短期間である程度結果を残せる一方、差が出るのは簡単な問題でミスをしないか、細かく難解な問題にどれだけ喰らいつけるかの2点にかかります。

この反省を踏まえ、英語を鍛えなおし、古典を基礎からやり直し、世界史は覚えた知識を忘れないようにしながら、細かな事項を覚えるなど明確な目標を立ててそれに従って宅浪を始めました。

4月、テレビで入学式のニュースが流れいやな気分にされながらも机に向かいました。弟も受験をする中学3年になり、来年はみな受かるといいなと話していました。時にはだらけながら、時には全くしない日もありはしましたが、基本的に継続して問題を解いていました。

5月、世間はGWで盛り上がり、初夏を迎えていましたが、そんなさわやかな気候とは対照的に、やる気が抜けてふにゃふにゃしていました。去年は知識がなくわからないことだらけでしたが、中途半端にわかってしまうと同じ事の繰り返しに飽きてしまいました。大好きな世界史ですら甚だしいまでの飽きがきてしまいました。

しかし5月末にタイミングよく2つ模試がありました。これまで駿台の模試は受けたことがなかったのですが、モチベーション維持のために申し込みました。やはり、目の前にテストがあると危機感に駆られるものです。浪人している以上結果を出さなければと自分にプレッシャーをかけていました。差し迫った危険が突如として目の前に現れました（笑）。あまり勉強していなかったため鈍ってしまった現代文の勘を急いで取り戻し、試験前1週間はしっかりと勉強しました。

結果は世界史に関しては偏差値70を出しましたが、英語と国語は偏差値でいえば早慶に届かないくらいのビミョーな数字でした。春の模試はまだ現役生が本格的に勉強していない時期にもかかわらず、英語と国語で結果が出せなかったのは改心させられました。

6月、梅雨が始まりジトジトする季節はまるで僕の気分を表しているようでした。なぜなら、請求していた早慶の得点開示が届いたからです。手ごたえと同様に早稲田社学は合格点から程遠い点数でした。予想外だったのが早慶の法学部が手ごたえと正反対の結果だったことでした。早稲田法に関しては理解もしていないのに解けたと勘違いしていた自分に嫌気がさしましたが（笑）、驚いたのが慶應法学部。

慶應は足切りを設けている学部が多いのですが、法学部もその例にもれず英語と社会の合計で一定の点数以下は足切りを食らいます。あんなに手ごたえがなかったのに足切りを突破し、小論文まで採点されていました。英語の超難化をはじめ他の教科も難化し受験者平均点がガクッと下がったイレギュラーな年でした。合格者が約３００人だったのですが、僕は６００番目くらいだったと記憶しています。このまま一年続ければきっと受かると希望を照らしてくれました。

しかし、商学部については悔しさだけがこみ上げました。慶應商は問題の易化が影響して合格最低点が跳ね上がり、世界史と論文テストで高得点を出しましたが、英語で点数を稼げなかった僕は致命的に不利になり、もう少しのところで落ちました。僕は補欠にも入っていなかったので、世の中にはもっと悔しい思いをした人はたくさんいるのでしょうが、英語の長文であと数問正解していたら合格していたと考えるとやはり悔しかったです。早稲田についても同様でした。国語・世界史が易化し、やはり英語勝負の年でした。宅浪開始前に行った自己分析が間違いではなかったことが、ここで証明されました。あと少し英語ができていたら、僕は東京にいたのかと考えるとモヤモヤしてしまいました。ただモヤモヤしながらも、問題を解くなり暗記をするなりし続けました。

とは言え、僕も修行僧の如く勉強していたわけでもありません。３教科だけやり続けるのは飽きたし、そもそも試験に受かりたいとは思っていましたが、相変わらずそれより先のことは何も見えてきませんでした。「１年で受からないのがわかっとったら、初めから２年間計画で数学も理科も学び、国立大学を目指しとったのに……」と憂いていた時期もありました。大学に受かっても果たして何かあるのだろうかと考えていました。

この頃、何気なくインターネットで受験のことを調べていたら、宅浪から早稲田大学法学部に３浪相当で入学された方が体験談を書いていました。いろいろ浴びせられる多くの質問に丁寧に答えていて、参考にしていました。

さらに、彼は通信制高校を卒業したり、宅浪だったり、僕と似たような経歴ですごく親近感を覚え、僕もこうなれたらなと憧れながら読んでいました。この体験談がやがてものすごいことを引き起こすことは当時の僕は予想できませんでした。この体験談のおかげもあり、いつもならお得意の狭い視野でつまらない事ばかり考え・悩んでいましたが、「そんなんわかるわけないや」と自分に言い聞かせて無理やり切り替えました。投げ出さないこと、この事だけを守ろうとちまちまと勉強しました。

そんなこんなで7月・8月と夏休みの時期がやってきました。世間一般の受験生が「夏を制する者が受験を制する」の言葉を聞き、勉強を本格的に始めている中、僕はいつも通りの感じで勉強していました。やる気が薄れたら、あの掲示板を見て、夏の長期戦を乗り越える気力を補っていました。予備校の夏期講習を取ることを親から提案されましたが、去年講座を受けて大体予想がついていたので、何も夏期講習は受けませんでした。第二回全統記述模試に加え、8月中旬に代ゼミの第一回早大プレがあり受験しました。やはり通常の模試に比べ難問ぞろいだったのですが、手ごたえを感じることができました。

そしてその模試の結果が9月に返却されました。データを見てみると、全統記述模試では3教科すべて偏差値が70以上ありました。最初にそれを見たときは偏差値がインフレ起こしていると思ったのですが、早大プレの結果を見てまぐれではないことがわかりました。総合偏差値が70あり、なんと冊子に氏名掲載されていたのです!

これにはさすがに驚きましたね。と同時に、多少の恥ずかしさのようなものを感じてしまいました。それは僕の名前が載ったことではなく、名前の横に並ぶ出身高校の欄でした。全国の高校名が並ぶ中、僕の隣には「高卒認定大検」の文字がありました。普通の浪人生と同じ気持ちで日々勉強に励んでいたのですが、これを見てふと冷静になりました。他の受験生には僕のことが奇妙な存在に見えるのだろうなと思いました。実際そう思われたことでしょう（笑）。僕も奇妙に見えたことでしたし。

ただまだ折り返し地点でありました。ここから特に宅浪の難しいところモチベーションの維持の大変さを思い知ることになりました。

惰性で乗り越えて

「入試が夏にあれば、絶対に受かっとったやろうな。あと半年もあるとか……」これが本音でした。試験は2月にあるので仕方ありません。ただ勉強面である程度余裕があると、考えても仕方ないことを考えてしまいました。仮に高2の夏から始めていれば……とか、あの時英語で……とかいちいち記述するのも面倒くさいです（笑）。ただ受験生、特に浪人生はプレッシャーから視野も狭くなり、こういうことを考えてしまうのではないでしょうか。

9月、10月、11月と半袖から長袖になり、日差しが暑いから暖かいと感じられるようになると物思いにふけることが多くなります（笑）。考えても仕方ないと思い、気を紛らせようと思っても気づけば考えている。

そんな自分の状況はうまく模試の成績に表れていました。第3回記述模試では世界史で自己新を出したのですが、英語と国語では第2回よりも下がってしまいました。第二回早大プレでは国語で点を落とし過ぎて冊子掲載を逃してしまいました。河合の早慶大オープンではあんまりできが良くなく、不安に駆られました。

受験生はみな落ちたらどうしようかと考えるものですが、浪人生はなおさらその頻度は高くなりますし、さらに僕は中卒でしたから危機感が周りと比べても大きかったと思います。

愛犬と遊んだり、テレビで海外のスポーツを見たり、漫画を読んだり、図書館で勉強してみたりといろいろな工夫をして気分転換をしていました。宅浪中にハマった小さな探偵の影響から『シャーロック・ホームズシリーズ』を全部読んだりもしました。ちょうど祖母の引っ越しがあったのでお手伝いしたり、家での重労働は僕の仕事でした。見飽きた参考書の内容を程よく忘れるために別の参考書をやることもありました。

ただやはり、一番のモチベーション維持につながったのはネット掲示板の3浪・宅浪からの早稲田法の体験談でした。心が折れそうになったらこれを繰り返し読み、やる気を無理やりにでも出していました。

そしていつの間にか12月を迎え、クリスマスが過ぎ、大晦日を迎えました。一体全体なぜか大晦日に慶應プレがあり、朝早く起きてテストを受けに行きました。テストを受け散歩して家に帰り、自己採点をしてみると英語で大失敗してしまい、最悪な形で新年を迎え

「模試でよかった‼」と無理やりに楽観的になりました。そう考えることのほか何もできませんでした。

ることとなりました。もし本番でこんなことがあったらどうしようと心配でしたが、

直前期

浪人時はセンター試験を受けませんでしたので、ひたすらに過去問などをやっていました。追い込みの時期ですからここでの頑張りは間違いなく意味のあるものとなりますが、睡眠時間だけは削りませんでした。寝ることを惜しむのは、他に削れることを削ってからするべきです。削れることなんて生活の中ではたくさんありました。

勉強時間は日によってマチマチでした。主に過去問を時間よりも短めに設定して解くことを繰り返していました。国語と世界史は大体1日1年分、英語は集中が続けば1日2年分することもありました。抜けていた知識を確認して詰めなおし、英語は難単語や熟語を詰めていました。国語は古典の単語・文法に時間を割き現代文は過去問でしか触れませんでした。

弟も高校受験を控えていたので、互いに刺激しあって机に向かっていました。年が明けてから1か月なんてすぐ過ぎました。再び東京に向かう日がやってきました。

いざリベンジ！

単身羽田空港に着き、オロオロしながらも去年と同じ滞在先のホテルに着きました。去年の僕と同じように親と同伴して受験しに来た親子を見て、あれから1年も経ったのかと感慨深くなりました。前回と違い完全なる孤独な戦いでした。

さらに、去年と違ったのが慶應の試験の実施日が変わったことでした。それに伴い、慶應経済・慶應商・早稲田法・慶應法と地獄のような4連戦を迎えざるを得ませんでした。連続で受けるのは最高でも3つまでというのがよく言われることなのですが、やはり最後は勝負したかったので4つ受けることを選びました。

この関係で明治法を受験できなくなったので、次に興味があった政治系・商学系として明治政経と明治経営を受験しました。どちらかだけでも良かったのですが、親から何があるかわからないからと2つ受けさせられました。他に早稲田政経、商と社学にも出願しました。大きな金額を掛けてしまって申し訳なく感じていましたが、合格という形でその恩返しをしようという気持ちでいっぱいでした。

まずは明治の2つ。正直完璧に滑り止めのつもりでしたし、過去問も1年くらいしかしていませんでした。それを後悔するほど思ったよりできませんでした。特に国語。英語や世界史は安全圏であったけれども、国語に自信がなく、ホテルでは偶然持ってきていたお下がりの現代文の参考書を藁にすがるような思いで解いていました（笑）。ひょっとしたら来年大学生になれないかもと思っていました。

1日空いていよいよ4連戦が始まりました。はじめは慶應経済でした。受けてみてびっくりしたのは解答用紙の大きさ（笑）。ここは現役時受けなかったのでこんなに大きな解答用紙とは思いませんでした。すごく解答しづらく別の意味でやりづらさを感じました。できは上々でした。しかし、社会科選択のB方式は合格者数が少ないため楽観視することなく目の前に控える3つの試験に向け切り替えました。

次は慶應商。ここは去年悔しい思いを味わわされたところだったので絶対パスしてやろうと意気込んでいました。問題自体は昨年よりも難しくなっていましたが、それなりの自信はありました。自己採点はこの4連戦の後にしようと決めていました。昨年は自己採点をしない方針でしたが、自分の主観ではあてにならなかったので、自己採点をして、しっかりと結果を受け止めて切り替えようと考えていました。

4連戦もいよいよ折り返し、本命の法学部2連戦を迎えました。1年前は大雪の中受験し、雪にも大学にも滑った散々な結果しか出せなかった早稲田法学部から始まりました。明確に1年前よりもできた感触がありました。ただ1年前もできたと思っていてもボロボロだったことが思い出されたので、浮かれることなく淡々と問題を解きました。

そして最後の大物、慶應法学部の試験を迎えました。3日連続長時間の試験で集中したため疲労がたまっていましたが、第一志望だったので気合で乗り切ろうとしました。ここも昨年ほどではないが相変わらず難問が多く、非常に疲れる試験でしたが時間ギリギリまで考え問題と戦っていました。最後の重厚な小論文が終わったとき、「はぁ〜〜」と思わずため息が出たのを覚えています。疲労困憊でした。感触としては英語次第かなという感じでした。この日はホテルに帰ってすぐ寝ました。

その後2日間はオフだったので、自己採点をしました。慶應経済は記述が多いので正確な自己採点はできませんでしたが、英語のマーク部分でしっかりと点数を取ったため足切りは確実に回避したと思いました。次に慶應商でしたが重大なミスに気づいてしまいました。記述で単語を書く設問があったのですが、複数形で書くべきところをそうしていませんでした。マークよりも記述のほうが点数は高いことは明らかでしたので、このミスに激しく落胆しました。合格は望み薄だとみなしていました。

一番困ったのは早稲田法でした。予備校によって解答速報が違いどれを信じればよいのか全くわかりませんでした（笑）。特に国語は解答速報によってまるっきり点数が変わってしまうので自分の現状がよくわかりませんでした。しかし、英語では他の受験生に差を付けることができる点数を取れていたので、勝機は十二分にあると思いました。慶應法は、すべてマーク式だったので自己採点が実際の点数に忠実でした。ただ周りがどの程度の点数を取ったのか予想できず、もう少し英語で点数を取れば確実と思えたのですが、安全と呼べる点数は取れませんでした。

１年前と違い、自己採点によって客観的に自分の現状を分析できたので裏のとれた自信を持つことができました。ただあくまでも受験は相対評価なのは弁えていたので、慢心することなく早稲田政経に向けて過去問を見直したりしていました。ただ、ホテルでの勉強はなかなか捗らなかったので体を休めることを第一に過ごしました。

そして早稲田政経の日を迎えました。骨のある問題で高得点を取らなければならない難しさ故に私立最難関ともいわれるにふさわしい問題でした。世界史が難しく、思ったようにはいきませんでしたが、世界史の得意な僕でもできないなら誰もできないと思い込み次の試験に備えました。

これまでに明治の2学部から合格はいただいていました。東京での生活は決まっていました。ただ運命の発表は翌日から控えていました。しかも第一志望の慶應法学部。早稲田商の試験日と重なっていました。

池袋の駅で……

早稲田商の試験当日、試験会場で単語帳を読みながらも、慶應法の結果が気になり落ち着かずそわそわしていました。事前に親には結果に関わらず、試験が終わるまで連絡しないでくれと頼んでいました。とは言ったものの気にならないはずがありませんでした。試験が始まってやっと集中できました。世界史が難化した印象を受けましたが、それは政経のときと同じで大きな問題ではありませんでした。不安要素は古典くらいで、英語に関しては特に気になるところはありませんでした。

お昼休憩の時間によっぽど携帯の電源をＯＮにしようか迷いましたが、グッとこらえて試験に臨んでいました。試験が終わってもすぐに携帯を見ることができませんでした。それなりの自信があったのですが、もし落ちていたら……と考えるとやはり人の多いキャンパスでは見ることができませんでした。電車内でもまるで電車の揺れに合わせるように携帯に電源を付けるかどうかの狭間で揺れていました。

池袋の改札を出て、目の前にあった柱にもたれかかり携帯の電源を付けました。起動に長い時間がかかるボロい携帯だったので、ハラハラした気持ちの悪い時間を長引かされました。起動と共にメールの受信の知らせが来ました。そのメールの内容は不在着信の知らせでした。それも大量の不在着信履歴。30件ほど入っていました。ここで薄々と悟ってしまいました。次は父親から「正規合格おめでとう！」というメールでした。

「……」メールを見たときの僕はこんな反応をしました（笑）。僕は池袋の駅で一人ではしゃげるような人ではありませんでしたので、とりあえず親に連絡して、ホテルに着いてからまた連絡するとだけ伝えました。ホテルに着いて自分の部屋に入ったら安心したのか嬉しさがこみ上げてきました。ホテルが変わり入った部屋がたばこ臭くて不快でしたがそんな些細なことは気に留めませんでした。ベッドの上で一人はしゃいでいました（笑）。その晩は兄と一緒に夕飯を食べました。兄も喜んでくれました。「よく受かったな」と言ってもらいました。翌日は早稲田社学が控えていましたが、第一志望に受かった以上受けても仕方ないし、東京は福岡から頻繁に来れる場所ではなく、せっかく新生活を始める当の本人がいるのならと、試験を受けず兄と共に春から始まる新生活の拠点となる部屋を探すことにしました。

受かった喜びが……

兄の案内で学生向けの物件紹介所に向かいました。朝10時開業なのですが、10時に着くとものすごく長い列ができていました。その日は日曜日ということもあり家族で子供の物件を探しに来ていたりして長時間待機させられました。

約1時間半後に担当の人とお話ができましたが、最初兄弟ではなく友達かと尋ねられたりするなど、少し甘く見られているのではと感じました。その後2時間ほどその場にいたのですが、結局紹介された物件は4件。さらにそのうちの一つは向かう途中に売れてしまいました。「おいおい」と思いながらも他の物件を案内されましたが響くような物件ではありませんでした。

紹介された物件よりも僕らが怒ったのが、アルバイトの案内人の態度でした。携帯の誤作動がうんたらかんたら言われ、そのとき僕は重い遠征の荷物があったのですがそれを持ったまま、案内する場所ではなくおおよそまるで関係ない辺鄙な場所に連れていかれ、時間がないと伝えているのにも関わらず平謝りをするだけで、チンタラ仕事をされたことでした。これには温厚な兄もブチ切れ、控えめな僕も表には出さないまでも静かに怒りました。

さっさとこの会社に見切りをつけ、飛び込んだ駅前の不動産屋に入り相談すると、親身になっていただき手の空いている従業員さんも一緒になって物件を探してもらいました。すると、たったの5分で10以上の物件を案内してくれました。逆に良い物件があり過ぎて困ってしまいました（笑）。その中でも一番のおすすめがあり、値下げもできるとまで言っていただきました。実際にその物件を見て、兄と共に即決し契約を結びました。この不動産屋の仕事ぶりに感動しっぱなしでした（笑）。

と同時に、前の不動産屋に怒りがこみ上げました。慶應法、そして早稲田法（この日が合格発表）に受かったことなんかどうでもよくなるほどの怒りでした（笑）。兄と愚痴りながら、いい物件に巡り合えたことを喜び、ご飯を食べました。そして僕は羽田へ、我が家に凱旋しました。

合格の喜び……？

福岡空港に着くと家族が迎えに来てくれていました。なんと僕の愛犬まで。僕の顔が見えるとみな笑顔になって「おめでとう」と言ってくれたのですが、疲れもありましたし、最後に追い打ちをかけるように疲れさせたあの不動産屋への怒りのせいで受かった実感などとうの昔に忘れていました（笑）。

慶應法学部に進学することは決めていたのですが、早稲田の政経の結果だけは気になっていました。合格発表は福岡に帰ってからもどんどん続きました。それも朝のひと時だけですので、新生活の準備をしたり、本を読んだりしていました。あと、犬の散歩によく行きました。愛犬がいなかったら僕はどうなっていただろうか……。

まずは、慶應商でした。正直ここだけは落ちたと思っていたらまさかの正規合格！　しかも補欠でもありませんでした。インターネットで合格の文字を見たときは本当に驚きましたね。同時に1年前に自信があったにもかかわらず、目の前に不合格の文字が並んでいたことを思い出しました。

慶應経済も正規合格でした。記述に関してもそこそこ自信がありましたし、慶應商に受かっているならここに受かることに疑問はありませんでした。慶應は制覇することができました。

次は早稲田の政経でした。ここだけは合否が読めませんでした。第一志望は別にあってもう入学金も振り込み、行かないことは決めていましたが、なぜか緊張していました。ここでは電話で合否を確認しました。機械音に案内されながらいろいろ必要な番号を打ち込み、最後の決定ボタンを打つと、「オメデトウゴザイマス」と流れてきて、家族みんなが「おおっ!」と同じ反応をしたことを覚えていますね(笑)。僕としてもまさか政経まで受かるとはという感じでした。

最後の早稲田商も無事に合格しており、僕の受験結果は社学の不戦敗を除いて、全勝という大成功に終わりました。1年前に一つでも受かっていたらと思ったこともありましたが、そんなことを考えても仕方ないと悟りました。最初は浪人することに抵抗を感じていたのですが、高校を中退した僕にとっては1年や2年の浪人も大きな違いではないのだなと気づきました。送られてくる大量の入学資料と合格通知を眺めると僕の選択は間違っていなかったのだなと思いました。

しかし、一つだけ心残りがありました。それは掲示板のあの体験談です。早稲田法に進学したらあれを書いた本人にお会いしたかったなと思いました。お会いすることもないだろうと、初めて掲示板に「おかげさまで合格しました。慶應に進学するので、お会いできないのが残念ですがここでお礼を言います。ありがとうございました。」と書き込みを残しました。

今度は僕が

それから新生活の準備や今まで顔を見せていなかった親戚に会いに行ったりしました。ただ一つ残念だったのは、弟が高校受験を控えていたことです。やはり受験生の気持ちは受験生にしか理解できないので、必要以上に合格を誇示することなく慎ましく控えめにしていました。

一緒に受かろうと言っていた刺激し合っていた弟でしたが、結果として第一志望にしていた高校には落ちてしまいました。彼は模試等で合格に値する成績を取り続けていたのでまさかの不合格でした。本人もかなりショックだったようでした。自分が黙り込むことを決めていた時期に、何とかして僕との距離を縮めようと計らって、他の家族とのパイプ役に回っていた弟。そんな弟の窮地に何かできるだろうかと考え思いついたことは、かつての弟のように歩み寄ることでした。

「高校がすべてやないけんさ、俺なんか高校辞めてもこうして結果出したんやし。そんな気にせんでいいっちゃない？」

普通の人が言えばただのお節介になってしまうようなセリフですが、高校を辞めた僕からこの言葉を聞くと印象が変わりますよね。弟は僕のようにヤワな人間ではないのですぐに切り替えました。杞憂だったようでした（笑）。

いざ旅立ち

しばらくの間会えなくなってしまう愛犬を毎日散歩やれ遊ぶなりして、これでもかというほど可愛がりました。福岡に心残りがあるとしたら愛犬だけでしたから（笑）。知らない場所で知らない人たちの社会に飛び込むことに不安を感じる人も多いそうですが、僕は感じませんでした。「まあ、何とかなるやろ」と楽観視していました。数年前の否定・悲観まみれの自分とはエライ大きく変わりました。ふと、高校を辞めたときに担任からかけられた言葉を思い出しました。

「大人になった」

当時は意味がわからなかったけれども、その時になって少し理解できたような気がしました。ただ教養の欠片もないのは自負していましたから、大学では学ぼうと心に決めて僕は19年間過ごした福岡をあとにしました。

小中高という社会的に当たり前といわれるレールから脱線してしまった僕が、大学という場で新しいレールに復帰するまでの過程を実体験に基づいてつらつらと書いて参りました。僕は間違いなく少数派であり、特例ではあるでしょう。しかし、そんな僕だからこそ言えることがあり、みなさんの参考にしてもらえることもあるはずです。それを第２部から伝えていきます。

第2部

高卒認定受験と大学受験

はじめに

具体的な勉強法や参考書の紹介に移る前に、それ以前のことについて触れておきます。ただやみくもに勉強しても仕方ありませんので、僕の受験勉強のやり方を紹介したいと思います。しかし、僕は決して受験のプロではありません。国語と英語と世界史しか詳しくありません。ですが、僕が実践したことがみなさんに少しでも還元されればなと思います。

自分のバカと向き合うこと

伝えたいことはタイトルのままです。自分のバカと向き合うこと。よく理解していないけど理解しているフリをしないことです。これができなければやがて頭打ちになります。中途半端に理解している人は、これを怠ってしまう人が多いのではないかと思います。しょうもないプライドが邪魔をするものです。

僕自身がそうでした。高校生の年齢で中学生内容から勉強し直すことにどれだけ恥ずかしさを覚え、宅浪開始時に、１年間また1年前と同じことをすることにどれだけの抵抗を覚えたことでしょうか。

しかし、自分の現状を正しく把握することが大事です。今の自分がわかること・わからないことを知るため、自分のバカを真正面から見て、受け止めなければなりません。そして、認知した自分のバカさを一つ一つ潰していく。これが受験勉強だと僕は考えています。

特別意識せずこれを実践している人は多いですが、あえて意識することで学力を伸ばすことができる人がいると思います。参考書の良し悪しを分析するよりも、自分の現状を俯瞰的に見ることこそが重要なのです。それが最もわかるのが模試です。だから模試を受けることを躊躇ってはいけませんし、無駄だと思うのは間違っていると思います。

繰り返すこと

頭のいい人は瞬間記憶なるものができるらしいのですが、皆がこれをできるわけではありません。だからこそ何度も繰り返してやることが大切なのです。

「こんな簡単なこと繰り返しても意味がない」と難解な問題ばかり解く人もいますが、よく言われるように基礎的なことを繰り返すのが大事です。簡単な問題なら軽く満点を取れるようになるまで繰り返しましょう。計算や記述問題は異なりますが、特に暗記科目に関してはやがて書くことも面倒くさくなり、空欄補充の問題などは頭の中ですぐ浮かぶようにしましょう。

なぜ簡単なことを繰り返さなければならないかという理由として、主に２つの理由があります。

一つは、問題を解いて正答する感覚を掴むためです。これは、学力的に絶望的な状況にいた僕だから思うことかもしれませんし、学力的素養がある人からすればこのようなことを思わないかもしれません。

受験勉強は長い戦いであり、継続することを求められます。継続するために必要なことは、夢や目標を実現しようとすることから生まれる「やる気」となんだかんだやり続ける「惰性」だと僕は考えます。やる気があるに越したことはありません。しかしかつての自分のように将来の目標や夢を見つけていない人にとっては、やる気を持つことは難しいと思います。だからこそ、なんとなくでもやり続ける「惰性」が必要なのです。

やる気や惰性で勉強できる状態に自分を持っていくためには、問題に正答することにある種の楽しみを覚えるのが最も良い方法だと僕は思います。ゲームのように一つ一つステージをクリアしていくように、問題を解いていく。レベルが上がった後に簡単なステージにいると物足りなく、レベルが低いのに難しいステージにいるとコテンパンにやられてフラストレーションが溜まってしまうので、自分が少し難しいと感じるくらいのレベルをこなすことが大事だと思います。

結局勉強に対してどんなアプローチをかけようが、やらなければなんの意味もありません。自分をどうやって勉強に向かわせるかが大事です。目標がないならば、勉強を楽しみにするのが手っ取り早いと思います。勉強を楽しむなんて変態のように聞こえるかもしれませんが（笑）、ただ紙と鉛筆を使うだけの難しいパズルを解くようなものです。

やり続けるうちに知的好奇心を持ち、楽しくなるかもしれません。今は面白く勉強できるアプリなども多いですから、飽きることなく勉強を続けやすいと思います。

第２の理由として、繰り返すことで問題を早く解けるようになることがあります。膨大な量を短い時間で解かせ、それを正確にできた人を合格させるのが試験です。試験で時間が足りないと嘆く人がいますが、なぜそうなったのかを分析する必要があります。

時間が足りなくなる理由には、俗にいう「捨て問」に時間を掛け過ぎたり、問題の一部でてこずってしまいパニックになりすべて解き終わらないなど、様々な理由がありますが、「簡単なところにいちいち引っかかり、無駄に時間を費やしてしまうこと」が一番の理由だと僕は考えます。

例えば、「apple」という単語を見れば誰しもがすぐに「リンゴ」という意味が浮かぶと思います。では、「realize」「funeral」「consequence」これらの単語を見てすぐ意味が浮かびますか？　大学受験用の単語帳には載っている単語です。少し考えれば思い出せる単語と思った人も中にはいるでしょうが、その思い出す時間がもったいないのです。その小さな積み重ねが最後まで解けなくなる要因となります。

まとめると、簡単と思うところでも反復して反射的に解けるようにすることで合格に近づけるのです。そして、繰り返す中で簡単だと思う範囲を徐々に広げていくことで、成績も上がり、難しい問題にも対抗できるようになります。「慣れ」というのはこういうことです。僕もタイピングをしてこの文章を書いているのですが、間違いなく初めの頃より早く打てるようになっています（笑）。最初こそは苦痛の伴う嫌な作業ですが、繰り返すことは遠回りのようで王道なのだと思います。

根性論

僕が嫌いな言葉である「根性論」。根性で眠気がなくなることはありません。眠いもんは眠い。根性で馬車馬のように勉強すれば結果が出るとは限りません。決して「根性」は魔法の言葉ではありません。

しかし、特に浪人生や現状よりも遥かに高い壁を越えようとする人ならば、間違いなく根性が必要です。前述の「自分のバカと向き合うこと」も「繰り返すこと」にも根性は欠かせません。同じことを繰り返すことや単純作業は長時間すると本当に嫌気が差すものです。また、浪人生や特に宅浪は縛るものがないためいつでも堕落できます。そうならないために必要なのが根性だと思います。嫌だと思ってても最後にグッとこらえ、問題にアタックし続けることが大切です。

最も望ましいのは、やはりやる気を持ち積極的にやり続けることですが、それができないなら惰性・根性で問題を解きましょう。やり続ける中で、目標が見えてくるのですから、目標が見つかるまでの勝負です！

それぞれの勉強法

さて、これから僕が実践した勉強法を紹介していくわけですが、ぶっちゃけてしまえば僕の勉強法にそこまでの価値なんてありません。世の中「僕の・私の勉強法でセンター9割・早慶合格！」などと謳っているものは多いです。僕のやり方が必ずしもみなさんに合っているとは思いません。やり方のひとつにすぎません。

かつての僕もいろいろな勉強法を試していました。単語は1日10個ずつとか、単語は見て覚えるなどの暗記方法や、「早く正しい英語の読み方」や「現代文はこうやって読む」みたいなやつに一々反応していた時期もありました。なぜなら、やはり自分でもどうやって勉強したらよいのか把握していなかったからです。だから僕はひとまずそれらを試していました。そして、参考にできるところだけは取り入れて、使えないところは切り落としていきました。こうして、自分のやり方が確立していきました。「勉強法」とは少し異なりますが、僕の勉強のやり方として、洋楽のロックミュージックなどの音楽を聴きながら勉強していました。やはり、英単語や世界史の一問一答など飽きやすい作業は、音楽がなければなかなか集中して取り組めませんでした。自分のやる気を入れるスイッチとして、イヤホンを耳に入れるのがルーティーンでした。大学生になった今でもこれは変わることなく、勉強もタイピングも音楽の力を借りてこなしています（笑）。クラシックなど歌詞のない音楽を流して勉強するのはいいとまことしやかに言われることがありますよね。

みなさんにもそれぞれのやり方があると思いますから、なるほどと思ったところだけでも参考にしてみてください。そして、実際試してみていくうちに、みなさんそれぞれのやり方が固まってくるでしょう。

最後に、勉強法にこだわり過ぎないことです。年間スケジュールに当てはめるならば、夏休みが終わるまでは試行錯誤してもいいのかもしれません。それ以降勉強法に関してグチグチ言っていたら、勉強することから逃げている証でしょう。あくまでも、実践することが勉強です。勉強法だけでなく、参考書を吟味しすぎて参考書博士になってはいけません。大学受験は過程よりも結果が大事なのですから、何を使おうが、どのようにやろうが問題にしっかりと答えることができればよいということを忘れないように……。

心身の健康

長期間の勉強には健康が大事です。集中をするためには十分な睡眠と栄養のある食事をとりましょう。母親が、「私が協力できるところは健康面しかないとよ」と毎日栄養のある食事を与えてくれました。そのおかげか特に風邪もひくことなく過ごせました。やはり風邪をひいたら勉強どころではありません。もし体調を崩したらすぐに休んで早く治すべきです。

受験期間というのは、プレッシャーもかかり精神的に辛くなる時期でしょう。いろいろな誘惑に駆られながらも勉強することにストレスを感じるでしょう。なかなか思うように成績が上がらなくて辛くもなるし、周りの友達のこととかが気になってしまうでしょう。

だから、自分自身を律して勉強するように、ストレスもコントロールしましょう。携帯の通知を切る、または電源を切って誘惑やストレスの温床を断ちましょう。日曜日だけは遊ぶと決めてメリハリをつけてフラストレーションを発散するのも一つの手です。

気が向いたらみなさんの好きなこともやるべきかもしれません。ただ遊び呆けることがなければいいと思います。最後の受験結果が納得できるようなものになればそれでいいと思います。死ぬほど努力して勉強すれば、受かろうが受からなかろうが納得できる受験結果になっていると思います。

最後に、所詮大学受験は大学受験であることを伝えておきます。20歳の僕が語ることでもないのですが、自分の望み通りの大学に入ったからといって、人生右肩上がりになるわけではありませんし、万事解決というわけではありません。これは僕が大学に入ってひしひしと感じることです。大学受験時代はしなければならないことが明確だっただけ楽だったのかもしれないなとふと振り返ることがあります。受験生時代に兄に言われていたことが同じ立場になって初めてわかりました。

これから受験をする人にはわかりっこないことですし、来る受験に頭がいっぱいかもしれませんが、「所詮は大学受験」ということを忘れずに、気楽にかつ真面目に受験をしてください！　僕が高校を辞めたとき誰もが早慶に受かり、上京して大学生になるとは思わなかったでしょう。正直僕自身もそう思っていました（笑）。いい波が来るときもあるし、落とし穴が待っているときもあります。人生とはそんなものなのでしょう。「人生は棺桶に入る直前までわからない」と米寿を迎えた祖母が僕によく言っていました。20歳の若輩者の戯言とは重みが違いますよね（笑）。結果が出なくてもいつでも挽回できる機会はあるはずです。

とはいえ、やはりやるからには結果を出しましょう!!

これから僕が実践した参考書から勉強のやり方を紹介していきます。はじめに高卒認定に触れていきたいと思います。多くの人には関係無いことなので後述する大学受験編から読んでください。

◎高卒認定編

高卒認定

まず高卒認定について紹介します。正式名称は「高等学校卒業程度認定試験」といい、8月と11月の年2回実施されます。昔は「大検（大学入学資格検定）」といわれていましたが、文部科学省によると名称変更により、国家試験で高校卒業と同程度の学力を国が認めたということを認知させやすくして、社会的に通用しやすくすることを図ったそうです。また、旧大検に比べ試験教科が変更されさらに試験範囲も狭まり、全日高校生の生徒も受験できるようになるなど所々変更されました。

試験の特徴として、合格者の上限がありません。つまり合格点を取れば資格を得ることができます。その合格点は１００点満点でだいたい40～50点くらいです。試験範囲は主に高校1年生で習う範囲で、すべてマークシートでの解答になります。

さらに、一度に必要な教科すべてに受かる必要はありません。必修の「国語」・「数学」・「英語」、地理歴史として「世界史A・B」の内1科目、「地理A・B」または「日本史A・B」の4科目の内どれか1科目、公民科目として「現代社会」1科目、もしくは「倫理」及び「政治・経済」の2科目、最後に理科科目として「科学と人間生活」を選んだ場合はこれに加え「物理基礎」「科学基礎」「生物基礎」「地学基礎」から1科目、「科学と人間生活」を選ばなかった場合「~基礎」から3科目受けます。少しわかりづらいかと思いますが、まとめると最大8~10教科合格しなければなりません。

一見すると大変そうですが、高校で単位を取っていた場合科目が免除されることもありますし、一度合格した教科は次回の試験では免除されます。例えば、一度目の試験で文系教科を、二度目の試験で理系科目を受験するなど分割して合格を目指すこともできます。極論を言えば1回の試験で1教科だけ受けることを8~10回繰り返すことでも合格できるのです。

つまり、高卒認定試験に合格することは決して難しくありません! それぞれの教科で半分の50点を取ればいいのです。解答はマークシートで4~5択ですから、理論上あてずっぽうで20~25点を取ることができます（数学は少し異なりますが）。あと25点分解けるようになればいいのです。完答でなくても2択まで絞ることができれば、合格にグッと近づきます。

毎回の試験の合格率は約40％です。この数字だけを見ると難しそうと思ってしまうかもしれませんが、この数字は全科目をパスした人の数字であります。1教科以上合格した人で括ると約80％の合格率になります。つまり、科目数は多いかもしれませんが、1教科自体は決して難しくはありません。高卒認定試験は「落とす試験」ではなく、「受からせる試験」なのです。ある種の救済措置としての側面を持っているため、頑張れば報われる試験になっています。

ただ、あくまで「資格」であり、合格しても「高卒」ではありません。高校を卒業しなければ中卒扱いになります。だから「高卒」の肩書を得るためには、高校を卒業しなければなりません。この点について誤解してはいけません。僕は結局高校を卒業しなかったので大学を卒業するまで「中卒」なのです。

では、高卒認定に独学で受かることは可能なのか？　結論として決して不可能ではないと僕は思います。先述の通り、試験自体は勉強すれば乗り越えられる試験です。適切にある程度の時間を掛ければ、突破できます。

しかし、問題は勉強できるかできないかという点です。高卒認定試験を受験する人は、勉強から遠ざかっている・いた人たちが多数です。かつての僕のように、中学生レベルの問題もわからない人もいるし、中には小学生レベルの知識も薄れている人もいるかと思います。そのような状況から一人で新たに勉強するのは苦労を伴います。だから独学をすることはあまりお勧めできません。

最近では、通信制の講座や僕が通っていたように予備校でも受け入れてくれるところがあります。正直、高卒認定用の講座を受けることに優れた費用対効果があるとは思いません。ただ、自分と同じように頑張っている「周り」がいることには計り知れない価値があります。これは浪人生にも同様のことが言え、宅浪が敬遠される理由でもあります。

高卒認定試験合格はスタート地点です。高卒認定試験を突破した後は、大学受験であったり、専門学校の試験や様々な資格勉強に進む人がほとんどでしょう。高卒認定試験への勉強は、ウォーミングアップのようなものです。そこで躓いてしまってはいけません。しかし、ここで軽い気持ちでやってしまえば、後々ケガをしてしまいます。または、ここで全力を出し過ぎても息切れしてしまいます。特にこの段階では、僕がそうだったように、何気ない気持ちで動き出す人も多いと思います。だから、投げ出してしまう可能性も高いのです。

確かに、断固たる決意や将来への明確な目標があるならば、話は異なるでしょう。一度気持ちが芽生えたら頑張れる人は多いです。しかし、一度芽生えた気持ちも時には薄れることもあるし、ましてやそのようなものが芽生えていない人には独学は酷な状況です。

だから習慣づけの意味も含めて、周りに人がいる環境を用意することを勧めます。僕は予備校に通ったのですが、プロの講師の授業はわかりやすかったし、自習室も使えたし、何よりも周りに同じように高卒認定試験を目指す人や浪人生がいることで、負けん気で頑張ることができたと思います。いろいろな所が、このような課程を用意していますから、立地や費用等を調べてみてもいいかもしれません。

高卒認定の受験科目について

国語・数学・英語は必修ですが、他の選択科目についての疑問点などがあるかもしれません。わかりやすく説明するために質疑応答の形式で説明します。

Q　地理歴史科目の「A」と「B」どちらを選べばいいのか？

A　高卒認定に受かるだけならば、「A」の科目を受けるべきです。ただ、大学受験を視野に入れている場合、受験で受ける科目はぜひ「B」で受けましょう。とは言え、出願時では「A」・「B」の選択まで求められません。試験時に問題を見て好きなほうを解いてもいいのです。「A」・「B」どちらにも共通する問題もあります。出題されている問題で解きやすいほうを選んでもいいです。「A」と「B」はそこまで大差はないのですが、どちらかといえば「B」のほうが難易度が高いです。僕は、大学受験でも使うつもりだったため「世界史B」を、もう一つは「地理A」を受けました。

個人的に思うことなのですが、もし大学受験で日本史と世界史どちらを受けるか迷っているならば、世界史を受けることをお勧めします。高卒認定試験でも世界史は必ず受けなければなりませんし、現代世界への理解が深まりとても楽しい教科ですよ。

Ｑ　公民科目は？

Ａ　「現代社会」で受けるべきだと思います。理由は簡単です。「倫理」「政治・経済」の２つの科目を受けなければならなくなるからです。「現代社会」を選択すれば１教科で済みますから、負担も軽くなります。

Ｑ　じゃあ理科科目は？

Ａ　これも公民と同じ理由から、「科学と人間生活」と「物理基礎」「科学基礎」「生物基礎」「地学基礎」の４つの内から好きな1教科を選択するべきです。僕が受けたときとは指導要領が変更した関係から、試験のシステムも変わってしまったのですが（「科学と人間生活」って何だ……？　という感じでした（笑））、「科学と人間生活」を選べば2教科で済むのでそうするべきだと思います。理系に進むことを決めている人は「○○基礎」から３つ選ぶのもよいと思います。僕は旧課程の「生物Ⅰ」と「地学Ⅰ」を選択しました。現行の試験制度ではこれでは科目数が足りないことを考えるとたった2年そこらで大きく変わってしまうのだなと思います。まるで僕が2年で劇的に変わったように。だからみなさんにも変わるチャンスはありますし、高卒認定をそのきっかけとして合格しましょう。

試験内容と対策

試験はすべてマーク式で試験時間は50分です。問題数は科目によるのですが大体20〜40問です。出題範囲は主に高校1年生までの範囲です。先述したように合格点は40〜50点。わかる問題だけを解いても十分に受かります。ただ、数学や英語などは時間がかかる科目ですし、簡単にクリアできるものではありません。そこで僕が科目ごとにアドバイスをしていきたいと思います。

【国語】

国語は現代文2題・古文1題・漢文1題の計4題が出題されます。高認試験の中では最も時間設定が厳しいものだと思います。下手をすると時間が足りなくなってしまいます。だから、時間が足りないと思ったらとりあえずマークを潰して、次の問題に進みましょう。わかるところは確実に答え、わからないところは最低でも2択に絞る。これが大切です。とは言え、問題自体は基礎的な知識があれば正答できるようになっています。特に古文・漢文は基礎文法のみで稼げます。だから、大学受験においての基礎中の基礎をおさえましょう。現代文は、設問に適切に答えることを意識しましょう。

〈**教材**〉

・高卒認定試験の過去問
・高校で使っていなかったよくわからない真新しい教科書・参考書
・予備校のテキスト（現代文）
・「読んで見て覚える重要古文単語３１５」（桐原書店）
・「ステップアップノート30古典文法基礎ドリル」（河合出版）
・「ステップアップノート10漢文句形ドリルと演習」（河合出版）

【数学】

数学は「数学Ⅰ」だけです。平成26年度から学習指導要領が変わり、かつての「数学Ⅰ」の範囲に「集合と論証」と「データの分析」が加えられたそうです（文部科学省 http://www.mext.go.jp/a_menu/koutou/shiken/__icsFiles/afieldfile/2014/07/24/1350223_02.pdf 参照 2015/12/8アクセス）。数学Ⅰだけなので範囲自体は広くなく、また問題自体も応用問題が増えつつあるという意見もありますが、大学受験レベルほどではないので十分に突破できます。ただ、この教科ほど積み重ねが大事なものはありません。計算能力が落ちていたら効率が悪くなります。多くの人が苦手にしがちな数学です。僕も自信を持っていた教科ではありませんでしたから、中学レベルからやり直しました。できないところまで戻って1からやり直すことをお勧めします。

〈**教材**〉

- 中学3年生のとき使っていた教科書
- 高校で買ったこれまたよくわからない教科書・問題集
- 「チャート式解法と演習数学Ⅰ＋A」（数研出版）

【**英語**】

英語も苦手とする人が多い科目です。覚えることも多く、完成するまでに時間がかかるので、一番優先すべき教科です。英語は文理関係なく必要な科目ですし、英語の配点は大きく設定されているところが多いので、大学受験を視野に入れている人は満点を目指しましょう！　問題形式はセンター試験に近いものが感じられます。

第一にすべきことは単語を覚えることです。ここでポイントになるのは中学生レベルの単語から覚えることです。大学受験生でもありがちなのが、難単語ばかり覚え中学生レベルの単語の知識が抜けていて、不要なミスを連発してしまうことです。高卒認定試験をいい機会として中学生レベルからやり直すことをお勧めします。文法も同様にわからないところまで戻って、勉強し直しましょう。英語は中学生から本格的に習うため、多少のブランクがあってもすぐ取り返せます。僕はまず文法書を読みノートにまとめ、これと並行して単語帳で単語を覚えていました。長文は文法と単語をやりだして1か月半位経ってから始めたように思います。ただ、失敗だったのは長文の問題集にすぐ飛びついてしまい、英文解釈の参考書を使わなかったことです。長文に入る前に、英文解釈を扱った参考書をこなすことを僕はお勧めします。

また、ここでひとつ特に言いたいことがあります。それは、「品詞」がどんなものか正しく理解することです。例えば、用法によって異なりはしますが、「形容詞」は名詞を修飾し、「副詞」は形容詞や動詞を修飾するということを理解しましょう。僕が勉強を始めた時はこれすら知りませんでした。副詞はbe動詞の後ろに置き、一般動詞の前に置くことも知りませんでした。英語の内容ではなく日本語の単語の意味も正しく理解しましょう。日本語で理解していなければ、英語を理解することは難しいです。場合によっては日本語まで、自分のレベルを疑いながら英語を勉強してください。僕は文法書を一人で読んでいて、この大切さを痛感しました。

〈教材〉

・中学内容の文法がまとめてあった問題集
・「システム英単語Basic」（駿台文庫）
・「総合英語Forest 6th edition」（桐原書店）
・「Forest 6th edition 解いてトレーニング」（桐原書店）
・「速読英単語 必修編」（Z会出版）
・「大学入試英文法のナビゲーター 上・下」（研究社）
・「ビジュアル英文解釈 part1・2」（駿台文庫）

【世界史】

世界史は最初から受験で使うつもりでしたので、浪人生のクラスに混じって講義を受けていました。だから、高卒認定用の対策はしませんでした。高卒認定受験時は、フランス革命以前までしか勉強していませんでしたが、わからないところは数問しかありませんでした。地理歴史科目に共通することですが、試験時に「A」と「B」の両方の問題に目を通して、解きやすいほうから解けばいいと思います。

世界史は横のつながりをよく強調されますが、高認試験程度のレベルではそこまで意識しなくてもよいと思います。ただ、地理的な情報は頭に入れておくべきです。さらに試験では人物の顔や絵や文学などの資料を多く使っているので、これらも教科書等を活用して目を通しておきましょう。

試験問題に気をつけることとして、リード文の長さです。問題文が長いにもかかわらず、設問を解くうえで全く関係ないことは世界史の試験ではよくあります。リード文を真面目に読んでしまうと時間が足りなくなってしまいます。なので、リード文や資料はどの年代のどの場所をテーマにしているかを確認する程度にとどめ、設問に移りましょう。設問から問題文の該当箇所に戻るのがいいと思います。

〈教材〉

・予備校のテキスト
・「世界史B一問一答　完全版（東進ブックス）」（ナガセ）
・「詳説世界史B」（山川出版社）

・「世界史用語集」（山川出版社）
・「30日完成スピードマスター　世界史問題集　世界史B」（山川出版社）

【地理（日本史）】

地理は予備校の授業に頼っていました。ただ、実際の試験では常識で解けるような問題も決して少なくありません。また資料問題が多いのも特徴です。グラフや資料を正確に読み取り、それに対応する選択肢を選ぶことができれば合格できるはずです。いたずらに引っ掛ける選択肢ではなく、素直な選択肢ばかりなので、2択に絞り解答するところまで頑張りましょう。過去問を多く解くのが合格への近道だと思います。

日本史について直接的なアドバイスはできませんが、やはり歴史科目は暗記が命なので、怠らないようにするべきだと思います。世界史と関連付けると暗記しやすくなるかもしれません。

〈教材〉
・過去問
・予備校のテキスト

・資料集

【現代社会】

これもグラフや資料を読み取り設問に適切に解答することが求められます。またある種の国語力を求められているように思います。常識で解ける問題もありますし、現代文を解く中で得た知識で解けるような問題もありました。教科は違えどそれぞれ関連があるので、他の勉強もしっかりやりましょう。「現代社会」は問題文に解答のヒントが隠されていることがよくあります。だから、時間配分に気をつけながら、問題文から正解を導き出しましょう。この教科も過去問演習で出題形式に慣れましょう。

〈教材〉

・過去問
・高校の現代社会の教科書

【理科科目】

自分が受けた当時とは内容が変わっているのに加え、他の科目に比べ理科科目はいい点数が取れたわけではなかったので助言しづらいのですが……（笑）。基本的なことは大きく変わってないと思います。やはり、文系の人には生物・地学がお勧めです。僕が受けた当時もこの2教科が受かりやすいと聞きました。暗記すべきことは暗記して、選択肢を2つまでに絞ることを意識して問題を解いていました。「科学と人間生活」は身近な自然現象や科学技術を学習内容としているそうです（高卒資格．ｃｏｍ http://www.kousotu.com/ 参照 2015/12/8アクセス）。物理・科学・生物・地学のすべての勉強が必要ですが、範囲は狭く負担は小さいので「科学と人間生活」を受験することを勧めます。

〈**教材**〉

・過去問
・高校時代の教科書（生物）
・予備校のテキスト

受験結果

参考になるかわかりませんが、僕が受けた感想を述べます。

英語・世界史はちょちょいのちょいでした。楽勝でした。国語は時間がギリギリではありましたが、８割はありました。数学は三角比のところは演習不足感がありましたが、他は自信があったので合格は確信しました。現代社会、地理と地学も無難に60～70点くらいでした。一番焦ったのが第1部でも書いたように「生物」でした。「高認とか余裕やろ」と思っていた試験前の自分をぶん殴りたくなりました（笑）。恐る恐る自己採点をしたときは生きた心地がしませんでした（笑）。

勉強に対して適当な姿勢で臨むと痛い目に遭うので、しっかりと真面目に取り組みましょう。高卒認定試験はやれば必ず結果がついてきます。少しでも興味が湧いたらネットなどで検索してみてください。文部科学省のホームページで高卒認定について詳しい説明が載っていますし、過去問も載っています！　気軽な気持ちで始めるのにもちょうどいい難易度ですから、僕の実体験を参考にしてもらえれば嬉しいです。

（文部科学省　高等学校卒業程度認定試験（旧大学入学資格検定）http://www.mext.go.jp/a_menu/koutou/shiken/index.htm　2015/12/9アクセス）

◎大学受験編

現状把握

ここまで重ね重ね述べていることですが、まず自分の実力を正確に認識することです。どの教科のどこができないかをはっきりさせましょう。それができなければ、進歩もないし問題が何を意図しているかもわからなくなってしまうかもしれません。常に自分に何が足りないのかを把握してください。そして足りないところを日々の勉強で埋めていくのが受験勉強です。

【英語】

まずは単語が最優先だと思います。単語は長文を読む中で覚えるのが一番いいという人がいますが、前提知識がないと問題を解くのが嫌になりやがて放棄してしまいます。だから語彙力を鍛えましょう。

それと並行して文法事項をおさえましょう。早慶の問題は学部にもよりますが、あまり文法問題が多くありません。しかし、文法の知識がなければ正しく英語を読むことができません。単元のどこがわからないか、例えば仮定法のIfの省略と倒置の部分がわからないなど、自分のわからないところがわからないという間抜けな事態に陥らないようにしましょう。文法問題を蔑ろにしてしまうと、後々響いてくるので夏までには完成させるのが一番だと思います。特に語法は単語以上に知っているかどうかで得点に直結しますから、しっかりおさえるべきです。

僕は１日10個などのノルマなどは設けていませんでした。１００～２００単語やるときもありました。手で訳を伏せて、ミニ単語テストを繰り返し、間違った単語はノートに書いて覚えました。語彙は繰り返して、暗記するしかありません。一番地味で辛い作業ですがここでいい加減にしてしまうと、特に偏差値が上がった後はなかなか成長できません。だからこそ語彙力強化は毎日やりましょう。

ある程度語彙・文法が固まったら「解釈」に力を入れましょう。短い文章を正確に読めないと、実際の試験で多く出題される長文を正確に読むことはできないと思います。長文は英文解釈作業の積み重ねで解いていくものです。この英文解釈こそが最も力を入れるべきところだと思います。何度も何度も繰り返して解釈作業を得意にしてください。

解釈作業に慣れてきたら、長文演習に取り組みましょう。もちろん語彙は最後まで強化し続けましたが、僕は宅浪の後期くらいから文法や解釈はたまにするくらいでほとんどしていませんでした。

まず模試でいい点数を取れるように根本的な英文読解能力を向上させましょう。過去問で学部対策するのも大切なことですが、実力がない中で過去問ばかりしても意味がないように思います。まずはじっくりと実力を上げることが先決です。色気づいてしまうと痛い目に遭ってしまいます。長文は復習として音読しましょう。読み方を覚えないと単語も覚えられないので、ブツブツ呟きながら音読しましょう。これも繰り返すことが肝要です。

最後に英作文ですが、学部によってはライティングがないので、英作文が試験問題にないところを志望している人は力を入れなくてもよいのかもしれません。ただ英作文をやって損することはありません。むしろ英作文もしっかりと力を入れることをお勧めします。僕は現役時代英作文を後回しにしていたことを浪人生時代に後悔しました。リーディング・ライティングは互いに関連しているので、余裕がある人は相乗効果で実力を伸ばしましょう。

英語はすぐに結果が出る教科ではないので、嫌気が差してしまうかもしれません。そうしたら、ぜひ現代文を解きまくってください。やはり僕らは日本人だと言わんばかり現代文をこなしてください。なぜ、現代文を勧めるかというと、言語が違うだけで、英語とやっていることは同じなのです。国語力の上昇は、英語力の上昇に大きく関係します。やはり、外国語を母国語で解釈しますから、国語力は長文読解でひょっとすると最も大切なのかもしれません。

ところで、パラグラフリーディングなどの様々な速読法がありますが、僕が長文を読むときに意識していたことは以下の事です。

① どうでもいいところは軽く読み流すこと

軽く流せるところを精読しても仕方ありません。例えば、長文で何かを論じるときに、

○○大学の～とか△△会社の～□さんという文があるとします。この際、○○や△△はそこまで注意する必要はありません。［,who～］などで人物名などの固有名詞の後に続く関係代名詞の非制限用法や継続用法と呼ばれるものです。はできませんが、「アメリカの大学なんだ」「薬の会社かな？」くらいの感じで軽い気持ちで流しましょう。些細なことかもしれませんが、たまにめちゃくちゃ長い紹介をしている文章もあるので気をつけてください（笑）。

また、現代文でもそうなのですが、筆者は自らの主張を言葉を変えながら繰り返します。つまり、同じことを違う言い方で言っているだけの場合が多いのです。最初のほうで筆者の主張の意図が理解できたら、話の展開が変わるまで軽く流し読みができます。もちろん、流し読みする部分から問題の答えに直結することもありますから、多少の意識は向けましょう。

② 論理的に読むことを意識すること

論理的に読めれば、問題に間違うことはそこまでありません。文中に答えの根拠があるはずですから、その該当箇所を指し示しながら設問に解答できるようにしましょう。ディスコマーカーと呼ばれるいわば論理展開の目印になるようなものを意識して読めば、内容が掴みやすくなります。

③　設問を正しく読み、正しく答えること

早慶の試験問題の設問は基本的に英語です。僕がよく経験したのが、長文は理解したのに意外と点数が伸びなかったことでした。この原因の一つとして、英語の設問を正確に読み取れていなかったことがありました。長文問題の題材が比較的に易しいときにはたいてい設問の選択肢が難解な場合があります。長文を読み終えると、設問の罠に引っかかってしまうものです。いくら正確に読んでも設問に答えられなければ意味がないので、設問は問題文以上に注意して読みましょう。

ここから使っていた教材を紹介します。一見すると大量ですが、兄のお下がりもあれば、中古で購入したものも少なくはないので、金銭的に大きな負担でもありませんでした。

教材について言えることは、あまりなんでもかんでも手を出し過ぎないことです。一つの教材を繰り返して意味があるのかと疑問に持つ人はいるでしょうが、人によりますが10回までは繰り返す価値があります。繰り返すのに飽きたら、別の教材に移って、それに飽きたら、また元のやつに戻るくらいでいいのではないかと思います。

正直に言えば、教材なんてなんでもいいです（笑）。僕が良著と思ったものがみなさんにも当てはまるかわかりませんし、どの教材を使おうがしっかりとそれをこなさなければ意味がありません。私大受験は過去問研究のほうが大切です。これを念頭に、あくまで参考程度に留めておいてください。

【教材】

☆は最も使っていたもの
※は直前期によく使っていたもの
△最後までやり切らなかったもの

《語彙》

・「システム英単語Ｂａｓｉｃ」（駿台文庫）
・「速読英単語　必修編」（Z会出版）
☆「単語王２２０２」（オー・メソッド出版）
☆「解体英熟語　改訂第2版」（Z会出版）
※「英検準１級　でる順パス単」（旺文社）
・「英会話問題のトレーニング」（Z会出版）

《文法》
・「総合英語Ｆｏｒｅｓｔ　６ｔｈ　ｅｄｉｔｉｏｎ」（桐原書店）
・「Ｆｏｒｅｓｔ　６ｔｈ　ｅｄｉｔｉｏｎ　解いてトレーニング」（桐原書店）
・「大学入試英文法のナビゲーター　上・下」（研究社）
・「英文法レベル別問題集④・⑤・⑥」（ナガセ）
・「大学入試英語頻出問題総演習（即戦ゼミ）」（桐原書店）
△「Ｎｅｘｔ　Ｓｔａｇｅ　英文法・語法問題　３ｒｄ　ｅｄｉｔｉｏｎ」（桐原書店）

《英文解釈》
・「ビジュアル英文解釈　ｐａｒｔ１・２」（駿台文庫）
☆「ポレポレ英文読解プロセス50」（代々木ライブラリー）
△「英文読解の透視図」（研究社）

《長文》
・「速読英単語　必修編」（Ｚ会出版）
☆「速読英単語　上級編」（Ｚ会出版）
・受験サプリのテキスト

※「話題別英単語　リンガメタリカ【改訂版】」（Z会出版）
☆「英語長文レベル別問題集④・⑤・⑥」（ナガセ）
△「やっておきたい英語長文700」（河合出版）

《英作文》

☆「大矢英作文講義の実況中継―高2〜大学入試」（語学春秋社）
☆「ドラゴン・イングリッシュ基本英文100」（講談社）
☆「自由英作文編　英作文のトレーニング」（Z会出版）

【国語】

まずは現代文から。大きく分けて評論と小説があります。ただ、早稲田では小説よりも評論のほうが大切になるかもしれません。

評論は、基本的な語彙からおさえましょう。問題集を解くことも大切ですが、その解説文を読むべきです。解説文を読んでどうしてその答えに辿り着いたのかの思考の流れを理解することこそが重要なのです。そして、前文でも用いた「〜こそ」のような強調表現はかならずチェックすべきです。強調するということは筆者の主張につながってくるのです。「〜べき」や「〜ならない」などの語尾にも注意を払うクセをつけるといい結果が出てくると思います。解説文では文章中に出てきた単語・熟語を説明しています。これこそが重要なのです。なんとなくで理解している言葉を一度学びなおしましょう。言葉の意味を正確に把握していなければ、記述問題も答えられません。記述問題は要点を端的に短く書くことが重要です。文字数制限が少なければ少ないほうが難しいです。大量の文字を書くほうが難しいと思う人も多いでしょうが、字数制限が大きいとそれだけ無駄なことも書けたりするのです。だから、要点を端的に書くことを普段から意識しましょう。

小説は、たいてい問題文の量が多いです。本文はまず一度軽く読み、設問から該当箇所を精読していました。心情などは全体の流れを把握しないと理解できないこともあるので、僕はこの方法を取っていました。小説は、語彙も豊富になるので、たくさんの問題にあたってたくさんの言葉を知りましょう。

古文は、基礎・センターレベルが完璧にできれば私大受験は基本的に大丈夫だと思います。古文は配点が低いからと力を入れない人もいますが、早慶は特に東大や一橋の併願者と競わなければなりませんから、古文でもしっかりと点数を稼ぎましょう。僕は現役時代古文が苦手で嫌いな科目でした。ただ、浪人するにあたり、古文を鍛えなおしたおかげで、現代文のミスを取り返せたように思えます。

漢文も、基本的な句形・単語を覚える以上のことはできないと思います。漢文は力を入れたら、ある程度まではすぐに成績が上昇するので、やらないわけにはいきません。特に漢詩は早稲田では古文との関連でよく出題されるので、得意になりましょう。

（小論文については過去問編で触れます）


【教材】

《現代文》
・「入試精選問題集　7　現代文」（河合出版）
☆「現代文と格闘する」（河合出版）
・「日本語チェック2000辞典」（京都書房）
※「出口　汪　現代文講義の実況中継②」（語学春秋社）（これは滞在先のホテルで使っていた兄のお下がりでしたが、もっと早くに出会いたかった1冊でした……）
・「入試漢字マスター1800＋」（河合出版）

《古文》

・受験サプリのテキスト
・「読んで見て覚える重要古文単語３１５」（桐原書店）
・「出る順に学ぶ　頻出古文単語４００」（Z会出版）

《漢文》

・受験サプリのテキスト
・「漢文早覚え速答法」（学研マーケティング）

【世界史】

世界史は暗記が中心なのですが、理解が大切です。なぜそうなったのかということを理解しましょう。特に早慶レベルになると答えさせられるのは事柄の背景であることが多いです。問題演習を何度も繰り返すことが覚えるために必要なことだと思います。世界史は一度理解してしまえば、国語や英語みたいにしばらく勉強しないだけでガクッと実力が落ちることはないと思います。基礎事項を確実に解答できる力を集中してつけてしまいましょう。

《教材》

☆「実力をつける　世界史　100題【改訂第3版】」（Z会出版）

☆「世界史B一問一答　完全版（東進ブックス）」（ナガセ）

・「詳説世界史B」（山川出版社）

☆「世界史用語集」（山川出版社）

・「元祖　世界史の年代暗記法」（旺文社）

過去問編

ここから過去問について受験した学部ごとに述べていきます。過去問研究が何よりも大事で、時間を掛けて取り組むべきところです。少なくとも5年分、それよりも多くやるに越したことはありません。

最初は制限時間を超えてしまってでも、しっかり問題を解きましょう。解答・解説をじっくり読み解答の導き方を習得して、出題形式に慣れてください。一度解いた問題でも数回繰り返すべきです。今は、インターネットのサイトで無料登録するだけで、かなり昔の過去問まで手に入れることができるので活用すべきです。僕も利用していましたし、中古の過去問を買うこともありました。

学部ごとの癖を把握して、それ用に対策を練る。これが合格への秘訣です。過去問は早くにやりだすのがベストですが、実力がないのにやっても仕方ないように思います。秋・冬から始めても全く問題ないと思いますから、過去問を基準に自分の位置を知りましょう。

慣れてきたら時間を計って取り組みましょう。時間内に答えられなければ理解できても意味がありません。2択まで答えを絞ったものの決定することができないなら、とりあえずどちらかを答えて次の問題を解答しましょう。試験本番でわからない問題にとりあえず答えを入れるのは勇気の必要なことですが、これは過去問で解くときも実践しましょう。この作業には訓練が必要です。もし時間が足りなくて、無解答だったら0点です。時間内に解答しきれないのは論外です。何か選択して合っていたらラッキー！　くらいの気持ちで解答しましょう。

最後に、最も力を入れるべきは英語です。英語で合否が決まります！　解いた後に素点を計算すると思いますが、国語や社会科目の点数で英語をごまかさないでください。英語は他教科に比べ配点も高く、慶應に関しては2倍になります。優先順位は英語↓現代文↓古典・社会科目です。英語と現代文にはやり過ぎるという言葉は当てはまらないと思います。浪人で社会科目ばかりやり過ぎる人がいますが、所詮配点の低い社会科目です。最優先すべきは英語です。英語から逃げては受からないので気をつけましょう。

《早稲田　商》

早慶の過去問をやりだすならば、この学部をはじめにやるべきだと思います。なぜなら、早慶の中でも比較的易しい問題を出題するからです。過去問をやりだす時期になれば、この学部の問題をできる人も少なくはないと思います。ただ、合格点を取るのは予想以上に難しいです。約1万人が受けるわけですから決して甘くありません。ただ、法学部のような難しい問題をいきなりやるよりも、問題そのものは易しい商学部から始めることをお勧めします。

英語は短英作文など少し記述がありますが、ほぼ長文読解です。会話問題も大問1つ分あるので会話文も対策するべきです。落とせないという意味で難しい問題なので、しょうもないミスをしないよう読解の精度を上げて臨みましょう。90分でなかなかの量を読むので、手際よく設問を解きましょう。

国語も他学部に比べ易しいです。ただ、やはり落とせない試験なので取りこぼしのないようにしましょう。早稲田の現代文に言えることは、選択肢の文章が難しいです。本文で差をつけず、選択肢で受験生を振るい落とそうとします。選択肢のそれぞれどこが違うかまで日頃の演習で研究しましょう。古典は古文だけでなく漢文も出ますが、基礎的な知識で解けるような問題も含まれています。ここで落とすと後々響くので絶対に取りましょう。

世界史ですが、まず日本史、数学や政経に比べ平均点が高いので、得点調整で確実に素点よりも引かれることを覚悟しておいてください。これは早稲田の社学以外の大学・学部にも当てはまることだと思います。早稲田商学部の世界史は意外と難しいです。細かな事項が多く、世界史に自信があった僕でも知らないことは多かったです。ただそこにこだわるのではなく、基本的な問題に確実に答えましょう。「重箱の隅を突く」ような問題は選択肢で2択まで絞り、どちらかの答えを選択して、次の問題に進みましょう。

また、小論述問題があります。字数制限が厳しいので、要点をまとめ簡潔に書きましょう。余計な知識をひけらかす必要はありませんし、事実の列挙になってもいいと思います。しかし、何も解答せず白紙で出すことだけはやめましょう。ズレたことを書いてしまってても部分点がもらえればそれでいいのです。論述というだけでビビって捨ててしまう人がいますが、もったいない！　論述は基本的なことしか要求しないので、落ち着いて書き連ねましょう。

《慶應商　Ｂ方式》

ここも他学部に比べ易しい問題です。ただ、ご存知の通り数学受験のＡ方式に比べ、論文テスト受験のＢ方式は合格者数が極端に少ないです。落とせない試験問題という意味で早稲田商同様に難しいです。

英語は読解がメインですが、最後の２つの大問が記述式です。おそらく記述部分は配点が高いので取りこぼさないようにしましょう。読解は慶應のほうが早稲田に比べ語彙レベルが高いと言われたりもしますが、そこまで大差はないと思います。ただ、慶應商は例年テーマこそ違えど似たような問題が出題されるなというのが僕の個人的な感想です。過去問研究の成果が一番表れやすいかなと思います。最低でも7割5分は取りましょう。

世界史は、正直に言えば簡単です。だからこそ落とせません。８割は必須です。たまに変な問題が出ますがオーソドックスな問題が多い印象です。商学部らしいリード文が面白いなと問題を解くたびに思っていたような気がしますね（笑）。マークミスをしないことを心がけましょう。ここのマーク部分を解いていて自信が持てなかったら、過去問ではなく世界史の問題集を解きましょう。

論文テストですが、これは慶應商学部入試の特色です。年度によって難易度にばらつきがあり、どんな問題が来るのかが読めないのが難点です。これに関しては過去問演習しか対策のしようがない気がします。ただ、問われているのは論理的思考能力と数学的な思考です。数学が苦手な人は、とっつきにくいですが、いわゆる国語力で乗り切れる部分も少なくなく、最後まで解答しようと踏ん張れば合格点にはたどり着けます。

《早稲田法》

僕が思うに、早稲田の中で最も難しい試験問題を出題してきます。特に現代文にはその難しさが顕著に表れています。ただ、合格最低点は決して届かないものではありません。英語で稼ぐのがベストです。

英語は、超長文×2と空欄補充や正誤問題、短文・自由英作文を90分で解くというハイレベルな問題です。選択肢も細かく思わず嫌になる問題です（笑）。

早稲田法に特徴的なのが選択肢からそれぞれのパラグラフの内容に適切なものを選ぶ問題です。僕は、ここに関してはパラグラフごとに設問を解いていました。読み終えたパラグラフの横の空白部分にその内容を単語レベルの簡単なメモを書いてから解答を選び、紛らわしい問題は2～3択まで絞り、後のパラグラフを読んだ後に答えるなど吟味しながらも素早く答えるよう工夫していました。空欄補充や正誤問題は細かな事項も多いですが、熟語や文法の知識を総動員して戦いましょう。僕はここが苦手でした。

短文英作文は必ず満点を取りましょう。許されても1問ミスです。おそらく0点か満点なので部分点を期待できませんが、何か書いて爪痕を残しましょう。自由英作文は最低約60語書けば大丈夫だと思います。多くはYES　OR　NOを問う形式なので、簡単な英語でもいいので明快な文章を書きましょう。自由英作文は本当の自分の意見などどちらでもいいので、説得性のある理由が思いついたほう、それを書きやすいほうの意見を書きましょう。

国語は、先に古典について言及します。ここの古典はそこまで難しくありません。古典で必要以上に取りこぼさないことを意識しましょう。

問題は現代文です。ここの現代文を解いた後はどっと疲れが出ます（笑）。えげつないです。文章自体は日本の大学受験でも最も難しいかもしれません。予備校によっても解答速報が異なり、本当の答えが僕の答えに近いほうだったらとホテルで祈っていました（笑）。だがしかし、この硬質で難解な問題も解くしかありません。普段の学習で語彙を増やし、過去問で選択肢の吟味に磨きをかけるほかないように思います。選択肢を2択に絞ることも難しいですが、過去問でじっくりと練習しましょう。

世界史は、選択問題自体は易しいです。マーク部分では8割は必ずほしいです。

多くの人にとってネックになるのが大論述でしょう。先述のように白紙で出すことはあり得ません。指定語句に関することを書けば部分点はもらえるはずです。マーク部分で差がつかない分論述で完答を目指しましょう。

論述問題で完答するためには、指定語句に加えて、これを言及するうえで必ず書かなければならない「隠れ指定語句」のようなものがあります。例えば、2012年度の本学部の論述問題を見ると、「改革開放」という指定語句があります。この指定語句は「鄧小平」という主語がなければ記述しようがありません。これを僕は「隠れ指定語句」と表現しているだけです。

論述問題は、

① 誰が（主体）、
② どのような背景・関係から何を意図して（理由・目的）
③ どのようなことをしたのか（行為）

④　それがどのような事態につながったのか（結果）

この４点をおさえつつ、簡潔に書けば大きく減点されることはないと思います。大体指定語句は①か③など人名や出来事の名称が多いはずです。②や④などは僕なりの表現をすれば「隠れ指定語句」であり、用語と関連させて記述することを求められています。多少箇条書きになってしまっても構いません。これらを意識すると書きやすくなるはずなので、基礎的な事項が頭に入ったら練習しましょう。余計な肉付けをしないで書くことは現代文や小論文でも大切なことなので、繰り返して練習して身につけましょう。

《慶應法》

慶應法学部には法律学科と政治学科がありますが、政治学科のほうが例年合格最低点が数点高いです。ここの学部に進学して思うことは法律学科と政治学科は全くの別物です。「なんで法学部と政治学部にしてないの？」と思ってしまうほどです。話がそれてしまいましたが、興味あるほうを受験するべきだと思います。慶應法学部の問題は私大の中で最も難解だと個人的に思います。

法学部の理想的な点数の取り方として、小論文を除いた英語と歴史で受験者平均点を超えるのが望ましいです。英語が配点の半分を占めているので、英語で稼ぐのが一番です。ただ2015年入試から歴史科目のみでも足切りされるようになったので歴史も点数を取らなければなりません。

英語は間違いなく一番難しいです。すべてマーク式なのですが、解答時間が80分と他と比べ10分短いのが特徴です。さらに毎年といっていいほど出題形式が微妙に変わります。例えばこの学部の代名詞であるインタビュー問題などが出たり出なかったり、全体の難易度も年度で大きく異なり、ものすごく対策しづらい学部です。語彙のレベルがものすごく高いので、知らない単語を推測する能力が必要になります。前置詞のイメージや接頭語・接尾語を理解していると会話文の大問や語句の定義を選ぶ大問に対応しやすくなるので、覚えるといいと思います。

世界史は、こちらもすべてマークとはいえ、レベルの高い問題が出題されます。近年傾向が変わり、資料が提示されたり、正誤問題も出されるようにただの空欄補充ではなく、総合的な世界史の知識を求められるようになっていると僕は思います。

この学部に受かりたいならば『世界史用語集』（山川出版社）を繰り返しましょう。用語集はアメリカ史に関しては他の学部を受験する人もやるべきですが、法学部で高得点を取るためには用語集が必須です。用語集の見出し語だけでなく、その説明文にしか書いてないような事項が出てきたりもします。

また、法学部に限らず慶應の世界史に特徴的なのは文化史がよく出題されることです。文化史も抜かりなく覚えましょう。文化史はただ暗記するだけでなく、「記憶の固執」で有名なスペインのダリという作家は、あの有名なキャンディーのロゴをデザインしたなど、いろいろな小ネタと関連させると覚えやすいですよ。

けれども、もし初見でこの世界史の問題で満点に近い点数を取れる人は、世界史を勉強し過ぎているかもしれません。勉強し過ぎるのは咎めることではないですが、ここで満点を取るくらいなら英語で2~3問多く取りましょう。そっちのほうが簡単ですし、さらに点数も稼げます。あくまで総合得点での合格・不合格であることを考えておきましょう。

法学部の小論文についてですが、商・経済と比べてより現代文に近い小論文だと思います。最初に課題文の要約をするのですが、これは現代文で鍛えられる能力を活用するものです。必要な要点を簡潔に書けば字数制限ギリギリくらいの文章量になると思います。

その後の所謂小論文の部分ですが、私見ではありますが、課題文から飛躍し過ぎた内容よりも課題文に沿ったテーマで書くべきなのではないかと思います。つまり、自由な発想を問うものではなく、論理的に正しく自分の意見を述べるものであるべきです。そちらのほうがみなさんも書きやすいと思います。

文体は統一するなど小論文の基本的な知識は前提として、課題文を読み、それに対応するように答案を構成しましょう。僕は要約した後、自由英作文のように、まず自分の意見の結論を明確にさせ、その後話を展開させるようにしていました。最後に小論文という逆転のチャンスが与えられているので、このチャンスをふいにしないよう過去問演習でしっかりと対策しましょう。

また、現代文・小論文対策の1冊として、英語の教材である『話題別英単語 リンガメタリカ【改訂版】』（Z会出版）は、価値があると個人的に思います。「小論文」といえば書き方に走ってしまいがちですが、知識がなければ書くことも思いつかないという事態に陥ってしまいますので、この本で知識の補充をすることを勧めます。もちろん、英語の本としてもすぐれていると思います。

ただ小論文は採点基準が明確ではなく、受験者平均点を見る限り高得点は取りづらいと思います。この意味で、差がつかない教科とも言えます。慶應は英語が命です。特に法学部はそれがより顕著です。英語を最優先に考えましょう。

《早稲田政経》

私立最難関とも言われます。問題は法学部ほど難解ではありませんが、合格最低点が高いため受かるのが難しいです。レベルの高い問題で高得点を取らなければならないので、すべての教科で総合的に高い力が求められます。

英語は、長文が3問と会話文と自由英作文です。長文はなかなか難解ですが素早く処理しなければ時間が足りなくなり、設問では文法知識まで問われるなど英語の総合力を求められます。過去問の中でも良問だらけなので、演習問題としてやりがいがあると思います。自由英作文は早稲田法よりも分量が多いのですが、同様に簡潔に論理的に書きましょう。会話文は比較的易しいので落としたくないですね。

国語も難易度の高い問題です。これまでの他学部と国語に対する言及と同じような対策に加えて、ここの特徴として明治以降の作家を問う日本文化史の問題が出たりします。時間に余裕があるなら対策しましょう。たがが数問ですが、その数問で泣きを見てしまうかもしれません。

世界史は、論述が2題に増え、時間的にも厳しい問題と言えます。ただの暗記では解けない問題が早慶には多いですが、ここはその典型的な学部でしょう。様々なアプローチの仕方で知識を問うので、過去問でこれに慣れましょう。

《慶應経済　B方式》

慶應経済は、私大では最も記述問題を出題する学部です。だから、東大・一橋などの国公立大の併願者が多く、彼らと競わなければなりません。ただ、過去問をやりこめば十分に受かるので頑張りましょう。

英語は、マーク部分の長文読解と記述の短・長自由英作文です。マーク部分で足切りがありますが、ここを突破しないと地理歴史・数学も小論文も採点されないので、気をつけましょう！　長文は量が多いですが、難易度が高すぎることはないので満点を狙うべきです。設問を先に見てから対応する部分を注視して長文を解くのが僕のやり方でした。

この学部の肝は英作文です。短文英訳は口語体の課題文を英語に訳すため、課題文を文語風に訳してから英作するのがいいかもしれません。完答でなくとも部分点は確実に取りましょう。自由英作文は長文のテーマが題材になります。なので、長文が正確に読めていないと書けません。引用の仕方など指定してくるということは厳格に採点することを暗示しているので、そのようなところでミスはしないようにしましょう。分量は２００字以上を目安にすればいいと思いますが、分量にこだわるよりも論理的に、正しい英語で書くことを意識すべきだと思います。

英作文は練習することでしか書けるようにならないので、たくさん書いて、可能ならば添削してもらいましょう。そして、長文を読む前に英作文の大問のリード文を必ず読んでおきましょう！　これだけで長文も英作文も解きやすくなると思います。

世界史も、私大らしくなく、国立落ちを多く取り入れたいのではないかと思わせる問題です。私大専願者にはやりづらさを感じるかもしれません。記述問題が多いので時間配分に気をつけましょう。１５００年以降のテーマしか出ないので、現代史などが苦手ならば速攻で苦手を潰しましょう。ただの暗記では対応できない問題が多く、グラフから読み取り、背景知識を知っていることを前提に出題したりすることもあります。細かい年号問題が出るので、年号を覚えるべきです。僕は基本的な年号こそ覚えていましたが、この学部のために１５００年以降の年号は意識的に覚えるようにしていました。

個人的には慶應経済の世界史が最も考えさせる良問だと思います。総合的に、網羅的に世界史を学びましょう。経済は地理歴史と数学の配点が１５０点なので、これらの教科が得意な人には受かりやすいと思います。

慶應経済の小論文では、これもまた私見なのですが、厳しい字数制限で必要な情報をピックアップして簡潔にまとめる力を問われている試験だと思います。過去問からできるだけ短く書くことを意識するべきだと思います。ダラダラと書いてしまえばすぐに字数制限を超えてしまいます。課題文自体は難解ではないので、落ち着いて要点をまとめてメモを余白に書き、解答の構成をすると良いと思います。70点の配点ではありますが、決して無勉強などでは特攻しないようにしてください。

少しくどい説明になってしまいましたが、ここまで僕の経験則と同様のものが、僕以外の意見も様々な書籍やインターネット上にあります。僕は決して受験のプロではないため妄信的にならずに、いろいろな意見を参照して自分なりのやり方を見つけてみてください。

最後に喚起しますが、勉強法や参考書にこだわり過ぎないでください。最近の参考書は良著が多いですし、正直レイアウトの好みくらいでしか差異がありません。勉強法や暗記法なんて人それぞれです。問題をこなすという本質を見失わないようにしてください。

第3部

高校を辞めたことが自分の「個性」

―ドロップアウトの世界から―

1. 思いっきり何も考えないこと
2. ドロップアウトした原因を分析すること
3. 自己肯定
4. 現実的に
5. 他人と会うことの重要性
6. 行動すること

僕自身の経験から特にドロップアウト者に伝えたいことを述べます。

多くの人には関係ないことのように思えることでしょう。ドロップアウト者は落ちこぼれとしか見なせないかもしれません。ドロップアウト者の立場から読んでみても、厚かましい善意を理由にした胡散臭い啓蒙のように捉えられるかもしれません。

「一応の結果を出したお前だから言えることであるだけ」と思われても仕方ないです。僕が逆の立場ならそう思ったに違いありません。しかし、みなさんがこれを読むことをきっかけに何かを感じてくれることを願います。

1. 思いっきり何も考えないこと

ドロップアウトする・しそうなときはいろいろ考えすぎてしまい、嫌なことばかりが目についてしまいます。「自分はなんてダメな人間なんだろう」「自分の人生は終わった」など自己否定ばかりすることでしょう。

僕も似たようなことを考えていました。高校に行かなくなったピーク時に加えて、受験勉強を決意したときも、受験勉強をし始めてからもしばらくは悲観的にならざるを得ませんでした。悲観的な状態で常にいることはとても辛いことです。いろいろなストレスが原因でまたストレスを感じてしまう負のスパイラルに陥ってしまいます。

その負のスパイラルを断ち切るためには、「何も考えない」ことが必要だと思います。心ゆくまでボーっとするないし、僕のように寝ることで考える時間をなくすことが大事です。いわゆるリセットのようなものです。好きなことに熱中しましょう。周りは何か言いたくなるでしょうが、放任とは言わないまでも見守るほうがいい方向に運ぶかもしれません。

追いつめられると普通ではなくなります。視野もめちゃくちゃ狭くなり、通常ならあり得ないことをしてしまうでしょう。そしてこのことを冷静に理解できなくなるから尚更たちが悪い。だからこそ、何も考えない。先のことなど知りません。とりあえず時間を作りましょう。そこで思いっきり休みましょう。それが一番です。

2. ドロップアウトした原因を分析すること

原因は人によってそれぞれ違うでしょう。学校の雰囲気・教師と馬が合わない・いじめ・または家庭の事情など本人の周りの環境に問題がある場合や、病気・ケガや心理的問題など本人自身に原因がある場合の大きく2つに分類でき、さらにそこから個々で微妙に異なる要素が具体的なケースを形成しているでしょう。

実際は一言では片付かない、多くの事情が複雑に絡んでいます。そうでなければ俗にいう「普通でない」ドロップアウトなどしません。だから、僕も含め、周りがその答えを見つけてあげることはできません。原因を特定するためには、自分自身で己を分析するほかないと思います。医師は医学的な立場でしかあなたを判断できず、教師は学校でのあなたしか知りえません。一番理解し得るのは家族でしょうが、僕もそうであったように家族とは距離を置きたくなるものです。必要のない心配は掛けたくないからなどと言って。

そのため、自分のことを最も理解できるのは自分自身しかいないのです。もちろん、健康上に問題があると疑われる場合は病院に行きましょう。

　僕の場合、睡眠に問題があるのは明らかだったので、睡眠科の病院で診察を受けました。そこで第１部でも書いたように「概日リズム睡眠障害」であると診断され、具体的にいうと「睡眠相後退症候群（DSPS Delayed Sleep Phase Syndrome）」であることがわかりました。そこで先生から学校に行かなくなることと睡眠の関係を教えていただきました。ひょっとするとみなさんも睡眠について学ぶ必要があるかもしれません。僕の話に戻りますが、この診察がきっかけで自分の生体リズムを知ることができましたし、睡眠導入剤のサプリメントや日光を浴びることで対処して、普通の社会に適応させる方法を知れたことはとても重要なことでした。

　また、肉体的な健康だけではなく、精神的な健康も回復させる必要があります。そのためにも、自分を見つめ直す必要があるのです。何も考えずにしばらく過ごした後は、ひたすらに考えましょう。考えられる状況になったらというほうが正確かもしれません。

　なぜ今の状況に自分がいるのか、他の選択肢を選んでいたら、当時の自分には別の考え方をすることができたのではないかなどいろいろ考えてください。些細なことでもいいので振り返ってみてください。時には納得し、時には激しく後悔してください。どうでもいいことをいろいろな立場から分析してください。自分自身を対象にいろいろなことを考えるのは、難しく恥ずかしさもあるでしょうが、自分を知るためには最適な方法だと思います。

僕は次のようなことを考えていました。

部活をしていなかったら、少なくとも夏までは高校に通っていたのではないか？　夏まで通っていたら高校生活がものすごく楽しくなったかも？　見切りが早すぎたんじゃないかな？

サボりサボりでも高校に通うことはできたのではないか？

いや、そもそも朝早くから授業のある高校制度自体そのものに向いていなかったのでは？

じゃあ復学ではなく、通信制高校に転入する手段もあったんではないか？

高校を辞めるのが間違っていなかったとしても、ただ家にいるだけではなく、時間がある分代わりに何かできただろうに……

などなど後悔も混じりつつ様々なことを考えました。いろいろな思いを自分の中で咀嚼しつづけました。僕は約1年半ほど悩み続けました。正直に言えば僕は人に自分の意見を伝えたがらないタイプでした。だからこそ誰とも話さず自分一人で悩み続けたのでしょう。ただ、やんちゃな人を除けば、ドロップアウトする人の多くはそのような人が多いのでしょう。

今振り返るとここまで長く考え込む必要はなかったと思います。でも、当時の僕には必要な時間だったのでしょう。まるで、味気がなくなったガムを延々とかみ続けるように、何も変化のない毎日の中で自分のことを考えることしかできませんでした。それもまた妄想になることも少なくありませんでした（笑）。

つまらない妄想ばかり考えるようになったら潮時です。やがて悟るでしょう。

「過ぎたことを考えても仕方ない」と。

考える時間はもう終わりです。最後にこれからどう動くのかを考えましょう。

もし、そう思えないなら親や教師や同級生の立場から自分自身を客観視してみましょう。もちろん、他人が自分のことをどう思っているのかなんてわかりっこありません。下手に考えて、杞憂に終わることでしょう。しかしながら、一見無駄に見えるこの過程が様々な角度から己を分析することにつながり、自分を知るうえで非常に大切なのです。

とはいえ、こんなことを考えているうちに馬鹿らしいと思うときが来ると思います。「仕方ない」を通り越して「アホらしい」と思うはずです。当時の僕は悲壮感にまみれながら「アホな俺が考えても仕方ねぇな。なんでこんなアホらしい事を考えているんだろう」と嫌気が差し、今まで無駄な時間を費やした自分自身に怒りを覚えるほどでした（笑）。

しかし、嫌気が差すくらいでちょうどいいのです。その嫌気が現状を変えようとする意志につながりますから。もしかすると怒ってしまってもこれまたちょうどいいのかもしれません。僕も自分自身にけんか腰になって、身を奮い立たせることはよくありました。他人に刺々しくなるのは好ましくありませんが、己に厳しくなるのはいいと思います。ただ、厳しく考えすぎて自分を否定することがないようにしましょうね。なんでもそうなのですが「〇〇過ぎる」はよろしくないことが多いです。気楽にかつ冷静になりましょう。

3. 自己肯定

まず、学校をドロップアウトすることや不登校になることと、いわゆる「ひきこもり」には連関があることに触れておきます。データによってその数字は異なりますが、約7割の「ひきこもり」が不登校の経験を持っています。前述のように様々な複雑な事情によりドロップアウトは生まれます。そこに至るまでに辛い経験があり、ドロップアウト後は学校に行くべき・社会に関わるべきという「正論」の存在により自責の念に駆られ苦しむ。これが、ドロップアウト者の宿命でしょう。

さらに否定のイメージにまみれた「ひきこもり」という孤独の状態が加わると、自己を否定せざるを得ません。どうしても悲観的になります。僕もこれに苦しみました。もともとの悲観的な性格に加え、僕の場合通っていた高校というよりも、高校の制度自体に適していなかったため、またその高校の環境や人間関係に原因を見い出せませんでした。

睡眠障害について理解していなかったために、周りの同級生はちゃんと通っているのにわがままな理由で、己の怠惰で「退学」ではなく「怠学」をすることにうしろめたさを感じ、自らに否定を重ねるほか何もできませんでした。どんどん深みにはまり、負のスパイラルに陥っていました。このような否定から生まれるものは、苦悩と不安だけです。だから僕らは、何よりもまず自己を否定することを否定しなければなりません。

今まで客観視するように促してきたわけですが、自然な肯定ではなくとも、多少無理のある絶対的な肯定でもいいと思います。ドロップアウトすることは好ましくないことは自明なことですから、自然に自己肯定することはできないかもしれません。僕がそうであるように、悲観的な人からすればつい楽観的過ぎると非難したくなると思います。「お前の頭の中はお花畑か」と否定したくなります。

悲観的な考え方から、楽観的に考えるようになることは難しいことです。なので、「見方を変える」ことから始めましょう。ここで先ほど言及してきた自己分析が生きてきます。様々な立場から、自分の考えとは真逆の意見を考え、あるものに否定の立場でも一度受け入れ、肯定の立場から考えてみる。これが「見方を変える」ことの第一歩になります。

例えば、学校が唯一の勉強の場というのは間違いであると思います。学校は教育の場として、まるで神聖で絶対的なものであると考えている人がいます。しかし、塾産業や質の高い豊富な種類の参考書、さらにはインターネットのおかげでどこでも安価で講義を受けることができる現代において、学校以外にも学びの場は数多くあります。

これに対して学校は勉強のためだけにあるわけではないと批判があるでしょう。社会性を身につける場であり、何より青春の真っ盛りですから、それを経験しないというのは理解されがたいでしょう。しかし、フリースクールなどが発展途上ではあるものの、存在し、様々な形で人と関わる場は他にもあります。結局は本人次第です。

また、俗にいう「ひきこもり」という概念には、否定的なイメージが先行しすぎており、その価値が認められていないように僕は思います。

人間とのコミュニケーションを避けるのは非人間的であると非難されることは当然のことであるかもしれませんが、「ひきこもる」ことは時には有意義なものとなります。これを完全に否定するのは誤りでありえます。普通の人でも失恋のショックから、殻に閉じこもることはあるでしょう。心の整理に一人の時間は必要なのです。もっとも、多くの場合青年期の長期的なひきこもりを「ひきこもり」と問題視するのでありますが、自分を見つめ直す時間としての「ひきこもり」には大いに価値があると思います。青年期が人生において重要な時期であることは十二分に理解できるし、ドロップアウトにデメリットがあることに異論はありません。

しかし、人生というロングタームで考えたときに、一定期間の「ひきこもり」がただの休息期間にすぎない可能性があります。また「ひきこもり」を、「自己を防衛するための危機回避の動き」（奥地圭子『不登校という生き方―教育の多様化と子どもの権利―』日本放送出版協会 P.5）と定義する考え方もあります。健康やいじめなどの差し迫った危険からの自己防衛の側面をもつケースがほとんどではないかと僕は思います。

これは何も中高生にだけ関わることでもありません。就職した後にこのようなケースに陥ることもあります。僕のような若造が語るのも恐縮なのですが、世の中皆が命を削りながら生きているのでしょうから、辛い日々を過ごしています。ただ、ドロップアウトしてしまうほどの負荷がかかったのなら、やはり休息を取らなければならないと思います。周りを見れば自分が情けなくなりますが、ただドロップアウトすることが必要だっただけなのです。この際他人なんて知りません。ドロップアウトするくらいでちょうどいい、普通じゃないけど少し面白いでしょくらいの姿勢でいいんです。

ここで、プルーストという作家を紹介したいと思います。彼は20世紀を代表するフランスの作家です。彼は現代でいう「ひきこもり」でした。職に就いては辞めることを繰り返し、30代から死ぬ直前まで外界との接触を極力断ち、執筆活動に従事しました。彼は部屋の壁を防音性の高いコルク張りにして、窓・カーテンを閉め切るなど徹底して「ひきこもり」、孤独の中に身を置きました。まさに狂気の沙汰です。しかし、その狂気とも呼ぶべき執念をもってして、代表作である『失われた時を求めて』を完成させたのです。

現代ならば否定されがちな「ひきこもり」でありますが、これが成功のために必要だった場合はまだまだあります。もちろん、偉人たちの例は特殊すぎますが、「ひきこもり」に対する見方を変えるきっかけにはなると思います。僕としては「ひきこもり」ではなく「積極的孤独」や「創造的孤独」と呼ぶべきだと思います。「孤独」を「個人主義」と表現するべきかもしれません。何をかっこつけているのかと言いたくなると思いますが(笑)、結局「物は言いよう」なのです。突っぱねることなく一度考えてみませんか？一度受け入れることが「見方を変える」ことにつながるのです。

4. 現実的に

自分を分析して、肯定することで気持ちの整理はつきますが、ただの現実逃避になってはいけません。やはり、現実と向き合わなければなりません。「自己肯定」と「自己正当化」は別物であるとしっかり区別しなければなりません。自分たちは、社会から普通に学校に通うことすらできないできの悪い人間としかみなされません。もちろん、理解を示してくれる人々はたくさんいます。けれども、やはり私たちは社会的弱者としての側面を持ち、一方的な否定を受けることもあるでしょう。

具体的にいえば学歴による差別です。中卒者はアルバイトすら見つけることが困難になります。特に、少子化に伴う大学全入時代においては、我々はますます厳しい状況に立たされます。だからこそ、いまドロップアウトしそうな状況にある人は、環境を変えてでも高校は卒業すべきです。

では自分のように復学しなかった、一応卒業はしたけれど状況は何も変わってない場合は具体的に何をすべきか。その答えは、我々が社会に適応し、社会の一員として社会を形成することではないかと思います。

しかし、アルバイトを見つけることすら困難な我々がどうやって社会に加わるのかが問題となります。それを解決するのが大学受験であると僕は思います。大学受験において合格を掴み取ることが己の証明となり、自分の自信につながり、前進する力となります。また、大学は多種多様な背景を抱える人々が集まる場所であり、社会復帰の場として適切であると思います。だからこそ、僕は大学受験をすることを強く勧めます。

また、大学など視野に入れていない人もいるかと思います。その場合、まずは他人と積極的にコミュニケーションを取るようにしましょう。「ひきこもり」や「孤独」を肯定してきましたが、自分を見つめるという意味では間違いなく価値があります。

しかし、自分に目を向けるだけでは、十分に自分と向き合った後何も発展がありません。特に、青年期の「ひきこもり」が問題視されるのは、性格形成の時点で人と関わらなくなるためです。これは後々悪影響を及ぼします。社会で生きる以上他者がいるわけですから、人と関わることを拒絶したら先がありません。だから、徐々にでもコミュニケーションを取るようにしましょう。最初は飼っているペットでもいいですし（笑）、親・兄弟、親戚でいいです。そこから事務的な会話でもいいので人と触れる機会を設けるほうがいいと思います。

偉そうに言ってはいますが、かくいう僕は、予備校では事務的な会話しかしませんでしたし、宅浪時代はあえて人と関わるような機会を設けるようなことはしませんでした（笑）。ただ、話しかけられたらキチンと話そうとしていました（話しかけられることもありませんでしたが……（笑））。一番大切なのは斜に構えず、コミュニケーションを取ろうとする心構えでしょうね。新しい環境に身を置く前にこれを意識すればきっとうまくいくと思います。

5. 他人と会うことの重要性

「ひきこもり」や「孤独」な状態では決して得られないものがあります。それは「他者」の存在です。テレビや本など他者と間接的に出会う方法はありますが、直接的に他者と接することこそが重要です。このようなことを書くと胡散臭い自己啓発みたいで少し気後れするのは否めませんが、周りの存在というものは大きなものです。

僕は予備校でモチベーションとして、周りがいることの価値を学びましたが、大学に入って特に他者の重要性を実感しています。他者からの刺激には大きな価値があるのです。高校にも一定数いたのでしょうが、大学にはより現実的な夢や目標を持って毎日励んでいる人がいます。

時に、一人で考えていた小さな世界が他人の一言でパッと広がります。周りがいる環境では、いろいろな発見があります。思ったより自分は普通の人だなと思うことは大学に入ってよく思うことです。本当の意味で自分を客観視して自分という存在を知るためには、他者を知らなければならないのです。

6. 行動すること

最後に僕が伝えたいことは行動することの重要性です。僕もそうなのですが、腰の重い人が能動的に、アクティブに生きるのはとても難しいです。「それをして何になるのか」といちゃもんをつけがちでした。具体的動機や結果にこだわり過ぎていました。

結論から言えば、動機はなんでもいいのです。それが非行や道徳的に反することじゃなければ、「暇だから」、「みんなやってるから」で構わないと思います。僕もインターネットで見つけたドロップアウトした人たちの合格体験記を見て、何気なく勉強を始めました。大学なんてどこでもいいと思いながら受験勉強を始めましたが、勉強を進めるうちに具体的に志望校が見えてきてさらに頑張ることができました。目標とやる気は受験だけでなく、人生の活力になると思います。

もし、みなさんにやりたいこと、目標があるならばそれに向かって努力するべきです。そのような目標がないならば、僕は大学受験を勧めたい。厚かましいですが僕をきっかけに始めてほしいと思います。

もちろん、大学受験は決して楽なモノではありません。約2年のブランクは相当大きいものでした。みなさんの中には小学校や中学校からブランク期間がある人もいるでしょう。実際のところ相当辛いです。間違いなく頭の回転が遅くなっています。特に僕は情報処理能力が落ちていると感じました。また、昔ならわかっていた問題がわからなくなっているときは、心の底から後悔と自己嫌悪が湧き出てきたのを今でも鮮明に覚えています。さらにまったくわからない問題に立ち向かい続けなければなりません。根性論は好きではありませんが、根性と執念は間違いなく必要です。具体的な時間はわかりませんが、時間をかけて粘り強く取り組めば、先が見えてくるはずです。最近では浪人を嫌う風潮がありますが、人より時間がかかり多浪相当になっても僕自身は構わないと思います。

みなさんには辛い勉強が待っているかもしれません。しかしいくらブランク期間と言えど、みなさんの理解力は間違いなく成長しています。学校に行かなければ人は成長できないというならそれは間違いです。僕自身高校を辞めたからこそ、今があるのであり、たらればの話をしても仕方ありませんが、高校に行くよりも人間的に成長できたのは間違いないと思います。

現代は、インターネットやテレビがあり活字や情報は簡単に手に入ります。また、漫画やゲームばかりしていたとしても、昔に比べゲームは複雑化しており、漫画も難解な話題を扱ったものもあります。たとえ勉強していなくとも、理解力は年齢とともに上昇しているはずです。ただ、いわゆる学校の勉強をしていないだけなのですから、勉強すれば十分に取り戻せます。昔は曖昧にしか理解できなかったことが簡単に理解できるようになっています。投げ出したくなったとしても、しばらく惰性で努力してください。勉強することが僕らのようなドロップアウトした人間に残されている唯一の方法なのです。

「学ぶことは生きること」という言葉がありますが、僕たちのような人間にはピッタリな言葉だと思いませんか？　決して学校の勉強じゃなくてもいいです。なんでもいいです。高卒認定でも車の運転免許の試験でもなんでもいいです。それがきっかけとなってきっと先が見えてくるでしょう。

勉強はちょっとという人は本を読むことをお勧めします。僕が唯一心から後悔していることは、高校を卒業しなかったことではなく、本を読まなかったことです。その後悔から大学に入り本を読む機会が増えました。

本は自分で読もうとしなければ、なかなか読みません。現代の若者の活字離れがよくやり玉にあがりますが、本の魅力に気づく機会がないと本を読みません。だから、勉強代わりに本を読みましょう。簡単な短編でいいのです。本を読み活字の羅列に慣れておくと、集中力も鍛えることができるし、知識・教養も増え、将来勉強したくなったときに役立ちます。

ここで、そんなみなさんにお薦めの本を紹介したいと思います。好きな作品があればそれを読みましょう。読書は面白そうだなと思った作品を読むことから始めればいいと思います。

・「変身」（カフカ）

約１００ページの世界的に有名な作品です。様々な解釈ができる小説なのですが、元「ひきこもり」の僕からすると、主人公にかつての自分を重ねることができる作品でした。家にひきこもって読むのが一番の楽しみ方かもしれません。

・「人間失格」（太宰治）

言わずと知れた日本文学の中でも指折りの傑作です。これもまた分量は多くないため読みやすいと思います。教養として読んでおいて損はありません。

・「思考の整理学」（外山滋比古）

これもまた有名な本です。大学生の多くが読むということで僕も読みました（笑）。ただ、とても考えさせる本でした。小さなパートに分かれているため、ちょこちょこ読み進めてみてもいいかもしれません。

社会から離れていた時間を人は空白の期間と呼ぶかもしれません。しかし、それはブランク期間ではなく、いわばサナギの期間なのです。サナギの期間の長さは人それぞれです。サナギから脱皮することには困難がついて回りますが、やがて自由に飛び回ることができるでしょう。

かっこよく終えてもよかったのですが柄に合わないので、最後に僕の伝えたいことを簡潔にまとめます。

まず、無駄なことを考えず思いっきり休む。物思いに耽るようになったら、思いっきりどうでもいいことまで悩みに悩み考え、自分の現状を知る。そして考える内にどうでもよくなってきて、やがて「ま、いっか。しゃーない。」と思えたら、現状を打破する対策を現実的に考える。

タイミングを見計らって、勇気を出して行動する！　なんの勉強でもいいから勉強するのが一番。もし勉強する気にならないのなら本を読んどこう！　行動する気になったら、親など頼りにできる人に勇気を出して自分で考えたことを伝え、協力してもらい、周りに人がいる環境で惰性でもいいから継続して頑張りましょう！

こんな感じです（笑）。

やはり少なくとも大学を卒業するまでは、高校を卒業してよかったと大きな声でいうことはできません。でも、僕はあえて言いましょう。高校を辞めたことが自分の「個性」であると。高校中退しても意外となんとかなるものです。

ドロップアウトしたことが自分の個性の一つとして胸を張れるような日が、みなさんに訪れることを期待しています。

おまけ

大学入学後―たくさんの人との出会いが待っていた

こうして春から新生活が始まりました。一人暮らしです。洗濯も掃除も料理もすべて一人でするようになりました。一人暮らしをしてわかったのが、自分が意外にマメな人だったということです（笑）。家族のいた実家ではなかなか気づけませんでした。知らない街での生活は道を歩くたびに新鮮で、新たな発見があります。このおかげか、出不精だった僕でしたが散歩をたびたびするようになりました。

大学では最初こそ人の多さに驚いていましたが、東京・神奈川はどこも人が多いのですぐに慣れました。大学の講義は必修と語学以外は好きな講義を受講でき、自分の好きなように時間割を組むことができます。僕はなるべく1限を入れず、出席を必ず取る講義を選択し、大学こそはちゃんと通うと自制していました（笑）。時々春の頃の自分を褒めたくなるときがあります（笑）。賢い選択をしていました。

そして、クラス・サークルなどでたくさんの人と出会いました。やはり大学入学当初は高校時代の話になります。しかし、僕には高校時代など存在しないに等しいですよね（笑）。

僕は自分が高校を辞めて「中卒」であることを包み隠さず話していました。まぁ隠すことでもないですから、飄々と語ったのですが、やはり多くの人に目を丸くされましたね（笑）。またこの話をしなきゃならないのかと面倒くさくなることよくもありました（笑）。高校時代がないことに侘しさを感じるときもありましたが、「本当に未練を持つような人だったら高校に行っていただろう」と考え、「まぁどうでもいいや。大学1年の春ぐらいでしょ、高校のことが話題になるのは」とテキトーに考えていました（笑）。

ただこうやって出会った人間の中に、自分と似た境遇にいる二人がいました。一人は、僕と同じ法学部で、同じサークルに属している20代半ばの同級生です。彼は、ケガで高校を通うことがしばらくできなくなり、通信制高校を卒業はしたそうですが休学期間などもあり今僕と同じように1年生をやっています。彼とは、似たような境遇や同じ九州出身ということもあり親しくなりました。また、別の大学を卒業した後、また大学に入り直した同級生もいて今僕と同じサークルで一緒に活動しています。

彼らと出会って僕は思いました。「意外といるな（笑）」と。やはり、僕が受験生であったときには自分のような経歴の者は大学に多くはいないだろうと思っていましたが、その考えは誤っていたと気づかされました。実際彼らに出会って、「複雑な背景を持っていたのは自分だけじゃなかった」と思うことができ、救われたような気さえしました。

また、仮面浪人を経て、自分と同級生になった人たちにも出会いました。彼らも再スタートを切ったという意味で自分と共通している部分を見い出すことができました（多少おこがましいですが）。自分と似ている人と出会うことで、自分という存在を少し理解できたような気がします。

そして、何よりも驚いたのが、僕が宅浪時代にモチベーション維持のために閲覧していた、インターネット上に体験談を書いていた宅浪から早稲田大学法学部に3浪相当で入学された方ご本人に出会うことができたのです！

彼は通信制高校を卒業され、宅浪をされていたということで、自分が目標としていた存在であります。そんな彼と出会うなんて誰が想像できたでしょうか。きっかけは、自分の所属しているサークルが早稲田のあるサークルと交流がありそのイベントで彼とお会いしました。彼に「よく受かったな（笑）」と半ば驚きながらも自分との出会いを歓迎していただきました。お会いできないと思って最後に書き込みをしたのに、まさか出会えるなんて！　九州の田舎者が人の多い東京、高田馬場でいわば恩人と出会うのはまさに運命的ではないでしょうか。

さらに、これだけにとどまりません。なんと、自分が通っていた高校の同級生の女子がいたのです。しかもなんと生徒会長（笑）。僕が通っていた高校は、多くの生徒が地元の大学に進学し、上京する人は多くありません。だからこそ、まさか同級生と出会い、それが生徒会長だとは思いもしませんでした。地方の高校を統べていた人と唯一彼女の支配下にいなかった僕が高田馬場で会う。人の出会いは不思議なものであることがわかった瞬間でした。

また、しっかりした夢や目標のために毎日努力をしている人々が周りにたくさんいるのが大学です。僕の周りでも司法試験予備試験合格や国家公務員など志高く目指している人が多いです。彼らには非常に刺激を受けています。

僕はここには記述しきれないほど、多くの人に大学で出会いました。全国各地から様々なバックグラウンドをもった、個性の強い人たちに出会うことはそれだけで面白いし、魅力的であると思います。自分の狭い世界が、周りの人の何気ない一言でパッと拡がり続けています。僕がこの本を書こうと動いたのも周りからの何気ない一言がきっかけでした。

ただそんな生活の中で、ふと思い知らされることがあります。それは学のなさです。

みなが当然の如く知っていることを知らない場面に出会うことが少なくありません。普段使っている日本語なのに話の内容が理解できず、まるで留学先の外国で周りが知らない外国語で会話しているのを聞いているような気分になることがあります。

正直に言えば後悔しています。高校を辞めたことではなく、勉強をしてこなかったことにです。周りは謙遜して「そうは言っても、僕もいつも赤点ギリギリだったよ」などと言います。しかし、彼らの「勉強していない」は、僕の「勉強していない」と全く異なります。少なくとも赤点は回避しているみんなと、正真正銘の0の知識しかない僕とは大きな差があります。0と1の差は本当に大きいなと痛感しています。だから、やはり勉強はすべきです。僕は大学在学中に教養として一通り勉強しようと思います。一度大学受験を経験すると昔よりも要領よく理解できると思います。

大学受験のおかげかどうかはわかりませんが、大学の試験も特に困ることもなくこなしました。特に第2外国語では、大学受験で培った英語の知識を生かすことができます。他の科目でも大学受験で鍛えられた下地が生きていると思います。

一人暮らしを始めてもう少しで1年になるのですが、まったくホームシックになっていません（笑）。ただ愛犬だけです。親と連絡を取るたびに愛犬の写真を要求しています

（笑）。これだけが唯一地元に置いてきた未練です。

いろいろあった我が家ですが、惡いときは一気に来るとはよく言ったもので、それが去り上向きになってきたかもしれません。弟が高校で優秀な成績を取っていると母から連絡がきたりもしました。実家に帰ったときにすごいと褒めたら、「目の前に反面教師する人間がいるから楽だ」と弟にはっきりと言われました（笑）。祖母も相変わらず元気にしていました。叔父さんには大学に入ってからまだ会えていないですが、相変わらず忙しくしているらしく、弾丸ツアーの如く行動しているそうです。

話は大学に戻りますが、やっぱり私大ということもあり、たくさんの面白い人に出会いました。また、志高く優秀な人にも多く出会いました。このような人たちが周りに多くいる環境は、僕も頑張らなければと思わせてくれます。きっかけはなんでもよく、きっかけは周りにたくさんあるなと実感しています。そして、そのきっかけを利用して大学で新しくやり直そうとしている人たちがいるということをもっと知ってほしいと感じました。大学はいろいろな意味で「面白い」場所です。これを今日も感じながら過ごしています。

あとがき

本書を最後まで読んでいただけたことに感謝いたします。私の乏しい国語力では伝わりづらいところもあったかとは思いますが、部分的にでも読んでいただけたら幸いです。みなさんが本書を通じて何かを感じていただけたらそれに越したことはありません。

本書を企画した理由は、何も自分の勉強法に絶対の自信があったわけでもなく、高校中退・中卒からの早慶全勝という大逆転劇を誇示したかったわけでもありません。ましてや、現代の日本の教育システムに一石を投じようと思ったわけでもありません。

「ドロップアウトしたことが完全に将来への道を閉ざすわけではなく、再びやり直すことができるということ」

これを特に伝えたかったのです。

毎年、病気・経済状況などからいじめや非行まで何らかの理由から約55000人もの人が高校を中退するそうです。中退や不登校は一つの生き方ではありますが、いわゆるレールから外れた人間として認識されてしまいます。一度レールから外れれば、再び修正するのは難しいです。しかし、一度レールから外れてしまったとしても、そのレールに帰ってくることはでき、新しいレールにモデルチェンジすることもできるのです。もしかすると新しく乗ったレールのほうがより良い結果に結びつくこともあるでしょう。そのためには周りにある小さなきっかけを利用する少しの思い切りが必要なのです。

本編でも繰り返し述べましたが、私はインターネットの合格体験記や掲示板をきっかけとして大学受験という選択肢を選びました。些細なきっかけでした。

本書を書こうと思ったのも、「巷で大人気な受験本よりもお前のほうがすごくね？」と大学で言われたことがきっかけでした。半分冗談だったかもしれないその言葉を安易にも信じ、半ばダメ元で企画のメールをエール出版社様に送らせていただき、行動したら本書という形あるものに辿り着きました。たまたまうまくいったのでしょうが、これもまず行動しなければ実現しなかったことです。まさか齢20にして本を出版するとは思いませんでした。実現したがために、執筆作業という想像よりもはるかに大変な作業に見舞われましたが……（笑）。

かつての私もそうでしたが、受験に関して普通の人が本書のようなことを言ったところで、「どうせドロップアウトした人間には無理な話でしょ。〈誰にでもできる○○〉の〈誰にでも〉の部分に僕のような人を想定してないくせに」と塞ぎ込んでしまいたくなるはずです。だからこそ、高校を中退した私にだけ伝えられること、伝えられる人がいるのではないかと考えました。危機的状況からの抜け出し方を知ることさえできれば、前に進むことは意外と簡単です。さらに、高校生たちにも高校中退者でもできたやり方を伝えることができます。回り道したから言えることもあるのです。

ドロップアウトした人にも大学受験を始めようとしている人にも、きっかけとして本書があってくれたらいいなと思います。また、周りにドロップアウトした人がいるという方にも読んでいただき、私たちのような存在への理解者が一人でも増えてくれればなと思います。どの程度参考になるかわかりませんが、本書が後押しとなってみなさんがすぐに動き出してくれるのが一番です。

そうでなくとも、何か動き出そうとするときに本書が傍にあってきっかけになってくれれば……と願います。

みなさんが満足のいく結果を収めることができますように。

■著者紹介■

船越　聖二（ふなこし　せいじ）
1995年福岡県生まれ。平凡な中学生時代を過ごした後、高校に入学するものの、入学後2か月で不登校になる。それから約1年半強ものの間葛藤の日々を経て大学受験を決意する。平成25年度第1回高等学校卒業程度認定試験に合格後、本格的に大学受験勉強をするものの2014年一般入試で志望大学に受からず、宅浪を決意する。2015年一般入試において、受験したすべての大学、学部の合格を掴み取る。2015年春より、慶應義塾大学法学部に通う。現在20歳の大学1年生。

高校を2ヵ月で辞めたボクが
早慶に全勝合格できた理由

＊定価はカバーに表示してあります。

2016年3月5日　初版第1刷発行

著　者　船　越　聖　二
編集人　清　水　智　則
発行所　エール出版社
〒101-0052　東京都千代田区神田小川町2-12
信愛ビル4F
e-mail：info@yell-books.com
電話　03(3291)0306
FAX　03(3291)0310
振替　00140－6－33914

ISBN978-4-7539-3338-9

「東大二回合格・理三合格」「東大理二主席合格」「東大文一合格」
講師による圧倒的結果に実証された～受験界最高峰の受験対策書～

受験の叡智
受験戦略・勉強法の体系書

99%の受験生が知らない
究極・秘密の受験戦略・勉強法!!

【受験戦略編】

1部★戦略なき勉強法は捨て去れ
「合格への導き」の章／「合格への意識革命」の章／
「合格への変革」の章

増補実践版
ついに刊行！

2部★各自の受験戦略を構築せよ
志望校を決める／志望校の問題の特性を知る／
得点シミュレーションをする・得点戦略を立てる

3部★日々の勉強の核の確定
教科書・問題集・参考書⇔過去問分析・過去問演習というサイクル学習を中心に据えよ／基礎標準知識の習得の仕方と過去問の有効活用の手順

【勉強法編】

1部★計画の立て方・スケジューリング
勉強法　総論

2部★各科目勉強法

3部★日々の勉強への取り組み方の重要ポイント

ISBN978-4-7539-3332-7

合格の天使・著

◎本体 1800 円（税別）